AF450050

MIND THE GAP

Giappone

Usi, costumi e tradizioni

Terza edizione

MORELLINI EDITORE

Copyright 2022 © Morellini Editore
by Enzimi Srl
viale Zara 9 - 20159 Milano
tel. 02/87383764
www.morellinieditore.it
Facebook.com/morellinieditore
Instagram: Morellini Editore

Grafica e impaginazione: CreaLibro di Davide Moroni
Foto di copertina: Dreamstime.com

Mappa del Giappone (p. 8): Peter Fitzgerald

ISBN: 978-88-6298-937-4

Indice

Introduzione

In Giappone si ha inizialmente la sensazione di arrivarci per vedere se esiste davvero. Il suo fascino e il suo mistero sono il frutto dei numerosi processi di metamorfosi repentine che in pochi anni lo hanno catapultato dal Medioevo a essere una delle società più avanzate del pianeta, rendendolo da sempre tanto carismatico quanto imperscrutabile.

Tra la nostra cultura e quella giapponese esiste un abisso di differenze, nella lingua, negli usi, negli atteggiamenti e anche nella vita di tutti i giorni, rendendo questo Paese così esotico e lontano; una meraviglia da cercare di esplorare e capire il più a fondo possibile.

Tecnologie e prodotti giapponesi sono esposti in abbondanza sulle mensole dei grandi centri commerciali di tutto l'Occidente, e nonostante siano stati adottati molti dei costumi e delle consuetudini "occidentali", i rapporti tra le persone, le abitudini quotidiane e la concezione del mondo e della vita poggiano ancora in gran parte su valori antichissimi, protetti da ogni contaminazione con l'esterno.

Ma il Giappone esiste davvero, e se è praticamente impossibile comprenderne la mentalità "dal di dentro", ogni piccolo "segreto" che sarete in grado di carpire contribuirà a rendere il vostro viaggio indimenticabile.

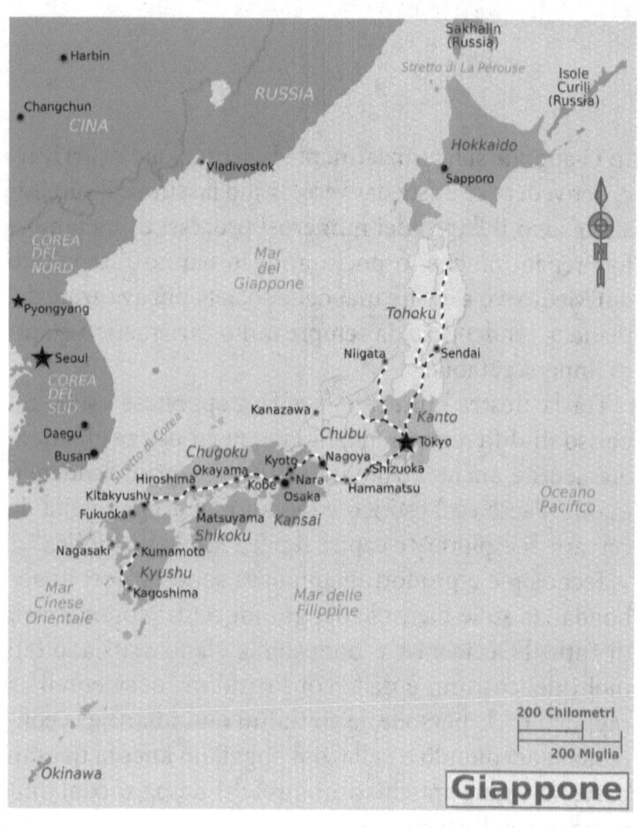

Harbin
Changchun
CINA
RUSSIA
Sakhalin
(Russia)
Stretto di La Pérouse
Isole
Curili
(Russia)
Vladivostok
Hokkaido
Sapporo
COREA
DEL
NORD
Mar
del
Giappone
Tohoku
Pyongyang
Niigata
Sendai
Seoul
COREA
DEL
SUD
Kanazawa
Kanto
Chubu
Daegu
Chugoku
Kyoto
Nagoya
Tokyo
Busan
Okayama
Shizuoka
Stretto di Corea
Hiroshima
Kobe
Nara
Hamamatsu
Kitakyushu
Osaka
Oceano
Pacifico
Fukuoka
Matsuyama
Kansai
Shikoku
Nagasaki
Kumamoto
Kyushu
Mar
Cinese
Orientale
Kagoshima
Mar delle
Filippine
Okinawa
200 Chilometri
200 Miglia
Giappone
N

1. Territorio

Una costellazione di isole

L'arcipelago giapponese è una piccola costellazione di isole e isolette del Pacifico Settentrionale a est della Corea; le quattro principali sono **Hokkaidō**, **Honshū** (la più estesa, che copre il 60% della superficie totale del Paese), **Shikoku** (la minore) e **Kyūshū**. Solo loro messe insieme compongono il 98% del territorio. Il rimanente 2% è costituito da circa 6.852 isolette disposte soprattutto a sud lungo la zona costiera, tra cui le **Ryūkyū** (di cui fa parte Okinawa), distese trasversalmente nel Pacifico tra Kagoshima (Kyūshū meridionale) e Taiwan.

Escludendo queste ultime dal calcolo, possiamo dire che il Giappone è compreso tra i 30° N (Kyushū meridionale) e i 45° N (Hokkaidō settentrionale), circa la distanza che separa Venezia da Il Cairo, e tutto insieme costituisce lo 0,3% della superficie terrestre. Se si pensa alla sua posizione di terza potenza economica mondiale, la sua ridottissima estensione ha dell'incredibile.

Il Paese che più gli si avvicina è la Corea del Sud, dalla quale è separato tramite lo Stretto di Tsushima (in giapponese chiamato "Tsushima Kaykō"), dal nome dell'isola posta al suo interno, tristemente famosa per essere stata teatro della battaglia decisiva della guerra russo-giapponese del 1904-1905, in cui il piccolo e apparentemente fragile Giappone riuscì a sbaragliare la flotta e l'esercito dell'imponente Grande Madre Russia: è la prima vittoria di un popolo asiatico nei confronti di uno europeo. A sinistra e a destra dello stretto, il Mare Orientale Cinese e il Mar del Giappone lambiscono l'esile arcipelago, tenendolo a distanza di sicurezza anche da Cina, Russia e Corea del Nord.

Bonvi – *L'uomo di Tsushima*

Franco Bonvicini, in arte Bonvi (Modena, 1941 – Bologna, 1995), è noto agli italiani per gli strampalati, goffi e ridicoli soldati tedeschi della serie a fumetti di *Sturmtruppen,* parodia satirica e tagliente dell'esercito nazista nella Seconda guerra mondiale. Tra le opere disegnate dalla sua prolifica matita, nel suo stile che unisce un umorismo esilarante a una profonda riflessione sugli orrori della guerra e della vita, consigliamo la lettura di *L'uomo di Tsushima*, ispirato agli scontri della guerra del 1904-1905 tra Russia e Giappone. In questa opera, ormai quasi introvabile, il giovane cronista Jack London (un Bonvi in versione fumetto) viene inviato dalla redazione del giornale per il quale lavora a New York a indagare sulle sorti della flotta russa di cui non si hanno notizie. Il fumetto diventa cronaca storiografica degli eventi che segnano il conflitto, con una buona dose di critica satirica sulla politica e sulle scelte governative dei Paesi coinvolti. Un Bonvi dal sarcasmo amaro e irriverente dei più taglienti e indimenticabili.

Montagne, vulcani e risaie: il sacro e il coltivato

Oltre alla sua inusuale conformazione geografica, la rara bellezza del Giappone è data anche dalle sei irte catene montuose che percorrono la parte centrale del Paese, ornate da foreste di querce, faggi e aceri fino a 1.800 m di altitudine.

Se però da una parte questo territorio così particolare conferisce al Paese paesaggi magnifici e inimitabili, dall'altra lo penalizza con la scarsità di terreno sfruttabile per l'edilizia e l'agricoltura. Il processo di modernizzazione messo in atto a tempi di record nel corso della Restaurazione Meiji ha trasformato il Giappone da nazione feudale e agricola a grande potenza industriale, al prezzo di un fortissimo impatto sull'ambiente, vessato dal continuo aggiungersi di superficie edificabile. Dal trasferimento di terra e rocce provenienti dalle montagne sono sorti con impeccabile pragmatismo i dintorni delle moderne città di Tōkyō e Ōsaka, Port Island e altre tre isole nei pressi del porto di Kōbe.

Ma il rapporto dei giapponesi con il territorio del loro Stato nasconde tanti lati oscuri. Basti pensare al fatto che il Paese ha sempre dovuto convivere con la fragilità della sua posizione, che lo ha costretto in più di un'occasione a doversi confrontare con delle insidie di particolare brutalità: nel corso dei secoli è infatti stato più volte vittima di calamità naturali quali tempeste, terremoti e terribili onde giganti (tsunami), eventi che hanno contribuito alla visione della natura come un'entità divina e mutevole, benevola e vendicativa, da adorare e temere nello stesso tempo: uno dei concetti base su cui si fonda lo shintoismo.

Dei circa 200 vulcani presenti, 77 sono considerati "attivi" (anche se pochi lo sono realmente), in particolare il Bandai e l'Asama al centro dell'isola di Honshū e l'Aso e il Sakurajima nell'isola di Kyūshū. Il vulcano principale è il **Fuji** (detto *Fuji-san* 富士山), 3.776 m di altezza, uno dei simboli del Giappone, che, nonostante abbia eruttato l'ultima volta nel 1707, è ancora nella lista dei vulcani attivi.

Nella concezione dello spazio giapponese, la montagna ha un valore sacrale. Culturalmente, si identifica con il termine *yama* (山), che significa sia "montagna" che "foresta", luoghi selvaggi e incontaminati in cui si muovono spiriti e dei, in opposizione al *sato* (里), il coltivato, la parte della natura in cui è legittimo che vivano gli uomini, identificata generalmente con la risaia. Queste cominciano a sorgere nel 300 a.C., modificando radicalmente lo stile di vita e le abitudini della popolazione giapponese di allora.

Se prima infatti la coltivazione si basava sul metodo *yakihata*, "taglia e brucia", e quindi la popolazione tendeva a migrare molto spesso alla ricerca di nuovi campi da coltivare, le risaie al contrario prevedono stabilità e durabilità nel tempo, oltre a imporre un concetto ciclico di nascita e morte che influenzerà fortemente la visione spirituale. Vedremo infatti come questa divisione (tra il selvaggio, lo *yama*, e il coltivato, il *sato*) sia alla base di molte delle credenze e dei riti religiosi diffusi in Giappone.

Proprio per questo motivo il tempio viene costruito alle pendici della montagna, al limitare della foresta, rivolto verso il coltivato ma attaccato al selvatico. Ogni anno, sono circa 400.000 i pellegrini che decidono di recarsi a rendere omaggio alla montagna, riconoscendone il suo profondo valore sacrale.

La terra trema

Questo arcipelago di isole e isolette è drammaticamente posizionato nell'intersezione tra la placca asiatica e quella del Pacifico, proprio nel mezzo della cosiddetta "cintura di fuoco". I terremoti sono quindi un fenomeno frequente e diffuso e, sebbene la maggior parte di essi siano lievi e quasi impercettibili, la minaccia di una catastrofe è sempre presente.

Tuttavia, le abitazioni e gli edifici di tutto il Giappone sono generalmente costruiti adottando raffinate misure antisismiche, proprio per prevenire i danni di un pericolo con cui, in un modo o nell'altro, è necessario convivere. Tōkyō, con i suoi 13 milioni di abitanti circa, fu colpita duramente l'ultima volta nel 1923, da quello che si ricorda come il grande terremoto del Kantō. I sismo-

Informazioni generali

Nome ufficiale	Giappone
Capitale	Tōkyō 東京
Città principali	Ōsaka, Nagoya, Kōbe, Yokohama, Fukuoka, Sapporo
Superficie	372.079 kmq
Clima	Umido-temperato
Valuta	Yen
Popolazione	126 milioni
Misure	Il Giappone usa il sistema metrico decimale
Lingua	*Nihongo* 日本語 (giapponese)
Religione	Non c'è religione di Stato. La maggior parte dei giapponesi è shintoista e buddhista
Forma di governo	Monarchia costituzionale con sistema parlamentare di democrazia rappresentativa. Il primo ministro è a capo del governo. Secondo la Costituzione del 1946, l'imperatore è il "simbolo dello stato e dell'unità del popolo". Il Giappone è diviso in 47 prefetture, i governatori delle quali vengono eletti direttamente dai cittadini
Elettricità	100 e 200 volt
Fuso orario	Il Giappone ha una differenza di fuso orario di +8 ore rispetto all'Italia (GMT +9); non esiste l'ora legale

Calendario	La data viene scritta in ordine anno/mese/giorno (年／月／日) e si calcola in base agli anni di governo dell'imperatore in carica. Quando un nuovo imperatore sale al trono, l'era prende il suo nome e il calendario riprende dall'anno 1
Alloggi	Di solito hanno una stanza di stuoie chiamate *tatami*. I bagni sono sempre in stile giapponese e sono dotati di doccia e scaldabagno indipendente per la vasca – anche il water è normalmente in stile giapponese. Ogni appartamento ha un piccolo ingresso (*genkan*), che viene utilizzato per togliersi le scarpe prima di entrare
Dimensione stanze	Sono rapportate al numero di stuoie (*tatami*) necessarie per coprire il pavimento
Rifiuti	Nelle aree metropolitane la raccolta differenziata viene effettuata in maniera regolare – a Tōkyō anche quattro volte alla settimana. I rifiuti vengono raccolti e suddivisi in materiali infiammabili e non infiammabili
Salute	Consigliamo di sottoscrivere un'assicurazione medica. Il servizio sanitario nazionale giapponese (*Kokumin Kenkō Hoken*) non copre il 100% delle spese e non viene sempre accettato dalle cliniche private. Nel caso portiate con voi delle ricette mediche, queste non verranno accettate e sarà necessario farle riscrivere dal medico locale. È possibile acquistare medicinali sia presso gli ospedali che le cliniche dove vengono effettuate le cure mediche, e anche presso le farmacie

logi giapponesi prevedono l'avverarsi di un evento consistente, in teoria, ogni settanta anni: un'ipotesi smentita dal maremoto dell'11 marzo 2011, che ha seguito di pochi anni il terremoto di Kōbe del 1995.

Il maremoto di Sendai e del Tōhoku fu la più violenta scossa mai registrata in Giappone, con una magnitudo 9,0 della scala Richter. Nonostante l'epicentro fosse in mare, l'onda dello tsunami provocò numerose perdite umane (oltre 15.000 vittime) e ingentissimi danni economici. Ma soprattutto, investendo le centrali nucleari di Fukushima, Oganawa e Tōkai innescò la minaccia delle radiazioni, con effetti sulla popolazione che sono tuttora oggetto di un violento dibattito in tutto il mondo, sebbene vi sia uno stretto riserbo sulle informazioni a riguardo.

Il clima e le stagioni

Il clima del Giappone è il risultato di due diversi sistemi climatici, quello dall'Asia Continentale e quello del Pacifico, che possono causare profondi sconvolgimenti, come intense nevicate a bassissime temperature o tifoni devastanti con livelli di umidità insopportabile.

Per via dei venti stagionali, il clima tra la costa pacifica e quella del Mar del Giappone può variare notevolmente. Se quest'ultima e l'isola di Hokkaidō registrano abbondanti nevicate in inverno, la parte di Paese che si affaccia sull'oceano presenta invece inverni temperati con nevicate sporadiche ed estati fresche, seppur frequentemente piovose, soprattutto nella parte centrale. Basti pensare che in Giappone il periodo che va dalla fine di maggio sino alla fine di luglio è chiamato "la stagione delle piogge" (*tsuyu* in giapponese).

La cultura dei giapponesi ha un occhio di riguardo per la natura e per il succedersi delle stagioni: ormai ben nota è la festa che coinvolge tutto il Paese sia sul piano pubblico che privato dedicata alla fioritura dei ciliegi (*sakura* 桜) in primavera.

I mutamenti stagionali sono ben caratterizzati e variano considerevolmente da est a ovest e dalle montagne alla pianura. A Tōkyō, che si estende nella vasta pianura costiera di Kantō, la temperatura media si aggira sui 4 °C in inverno e sui 25 °C in estate. La primavera (da marzo a maggio) e l'autunno (da metà settembre a novembre) sono considerati i periodi migliori dell'anno, poiché le giornate sono generalmente limpide e soleggiate. In autunno, per quanto possano presentarsi dei tifoni, il paesaggio si tinge del rosso-dorato delle foglie degli alberi, in particolare aceri, i cui colori vengono accolti e festeggiati con festival ed escursioni all'aria aperta, come per la fioritura dei ciliegi.

Tenete presente che il Giappone è spesso "umido" (specialmente in estate, nei mesi di giugno e settembre) e occorre ricordare di portare sempre con sé un ombrello. Se lo dimenticate, non vi preoccupate, ne potrete trovare ovunque in vendita: in alberghi, uffici, ristoranti, templi…

> ## Hanami, il festival dei ciliegi 花見
>
> Il *sakura* per la sua caducità e per la sua delicata bellezza è per i giapponesi un vero e proprio simbolo di vita. Sei settimane di fioritura, dai primi di marzo nell'isola meridionale di Kyūshū, attraverso le isole di Shikoku e Honshū fino al nord di Hokkaidō, in un viaggio lungo 1.800 km. L'*hanami*, letteralmente "ammirare i fiori", vi permetterà di prendere parte alle numerose iniziative che, in base alla città in cui vi troverete e al corrispondente periodo di fioritura, permettono di godere appieno della meraviglia di questo spettacolo.

Città e isole del Giappone

L'isola di **Hokkaidō**, nell'estremo nord del Paese, affascinerà i visitatori amanti della natura incontaminata con i suoi splendidi paesaggi, soprattutto in inverno, quando si ricopre di un consistente manto di neve.

La sua città principale, Sapporo, vanta alcuni meravigliosi parchi in cui perdersi per ore in lunghe passeggiate. Se capitate nell'isola all'inizio di febbraio, rimarrete coinvolti nella celebrazione della Festa della Neve, quando artisti e amatori sfoggiano il meglio delle loro sculture di ghiaccio e neve, di estrema bellezza e complessità. Se invece vi trovate da quelle parti verso la fine di giugno, fate tappa a Furano per ammirare lo spettacolo dei suoi vasti campi di lavanda in fiore.

I Parchi Nazionali di Akan e Shikotsu-Tōya sono ricchi di sorgenti termali (anche se la più antica del Paese è quella di Yunokawa-onsen, non lontano dalla città di Hakodate), mentre alcune delle foreste della Penisola di Shiretoko (Patrimonio Unesco dal 2005) si dice siano ancora inesplorate.

Le numerose attrazioni naturali dell'isola permettono ai visitatori di cimentarsi nei più svariati sport, dal rafting al whalewatching, fino ai voli in mongolfiera. Gli amanti dello sci troveranno pane per i loro denti, con impianti all'avanguardia e piste mozzafiato che rendono Hokkaidō una delle migliori mete del Paese per praticare questo sport.

Imperdibile è la vista del tramonto sul lago Saroma (specialmente se ghiacciato), da osservare sulla riva del Mare di Okhotsk, nella città di Abashiri.

L'isola di **Honshū**, la più estesa delle quattro che compongono l'arcipelago, è divisa in 5 regioni. La sua parte più settentrionale è occupata da **Tōhoku**, di cui è tristemente famosa la città di Fukushima, per via delle disastrose esplosioni alla centrale nucleare in seguito allo tsunami del 2011. A discapito di ciò, la natura è stata particolarmente benevola con questa regione, che può vantare alcuni tra i luoghi più belli di tutto il Giappone, come la baia di Matsushima e i suoi 260 isolotti che danno l'impressione di galleggiare sull'acqua, o le case dei samurai di Kakunodate, baciate dai boccioli dei ciliegi in fiore.

La regione di **Kantō** è invece caratterizzata dall'omonima pianura e dalla presenza della capitale, Tōkyō, che con i suoi 13 milioni di abitanti è il centro politico, economico e culturale del Paese. Qui tecnologie all'avanguardia e nuove tendenze convivono in perfetta armonia con tradizioni antiche e millenarie. Vero centro cosmopolita dai mille volti, ha quartieri dalla personalità profondamente marcata, che ne identificano i diversi aspetti e le diverse anime. Dall'imponenza ed eleganza del Palazzo Imperiale, circondato da fossati e mura di cinta, al brillante luccichio dei lussuosi negozi di Ginza, dal silenzio del grande parco di Ueno alla vitalità del distretto di Akihabara, meta imperdibile per fan di elettronica, videogiochi, manga e fumetti. La Tōkyō di una volta risplende in tutto il suo fascino rétro nelle case e botteghe artigianali di Asakusa, mentre i giovani più "in" della capitale passeggiano per le vie di Shibuya, punto di riferimento per la moda e l'arte internazionale.

Nella regione di **Chūbū** si trova invece il mitico Monte Fuji, la montagna più alta e simbolo della nazione (3.776 m). Nagoya, la quarta città del Giappone, è il centro dove si è sviluppata l'arte delle porcellane, delle stoffe annodate e della ceramica. Ancora oggi le sue strade sono costellate di botteghe in cui vedere artigiani mettere in opera tecniche antichissime, tramandate di padre in figlio per generazioni. Shirakawa-gō e Gokayama sono poi le località ideali per un tuffo nel Giappone antico, identificate dalle cascine con i tradizionali tetti di paglia in stile *gassho-zukuri* (letteralmente "costruire con le mani in preghiera" per richiamare il tipico saluto gapponese) che sembrano uscite da un dipinto d'epoca.

Nel **Kansai**, la maggiore attrazione è fornita dalla città di Kyōtō, che, fondata nel 793 d.C. dall'imperatore Kammu ispirandosi al modello cinese, in quel periodo influenzava tutta la visione sociale e politica del Paese. Antica capitale che non sembra risentire del passare degli anni, stabilisce un centro, a differenza delle altre città, in cui sorge il Palazzo Imperiale, e si dirama in modo ordinato e simmetrico. All'annullarsi delle relazioni con il continente però (siamo intorno al X secolo) l'architettura si conforma a quella delle altre città, spezzando le linee dritte e simmetriche delle strade con tortuosità e curvature, piegandosi metaforicamente ai giochi di potere che sussistono tra i suoi palazzi. Stupisce l'austerità del Palazzo Imperiale, costruito e distrutto dal fuoco diverse volte, dalle linee semplici ed essenziali. Imperdibili sono i suoi antichi templi, come quello di Kiyomizu-dera, che domina la città offrendone una vista meravigliosa, e i suoi rinomati giardini, come il Maruyama Kōen. Nel quartiere di Gion potrete invece riscoprire le arti e il teatro tradizionale, che qui sono nati e si sono inizialmente sviluppati, camminando per vie che sembrano perse nel tempo. Imperdibile è anche il santuario del Fushimi Inari Taisha, una serie di 10.000 *torii* rosso sgargiante che segnano il percorso dal santuario vero e proprio alla cima del Monte Inariyama, dove percepire la profonda sacralità del Paese. Poco distanti sono le due città di Ōsaka e **Nara**.

Ōsaka, importante centro economico della parte occidentale del Paese, ha visto nascere la tradizione delle marionette *Bunraku*. È inoltre il luogo dove visitare l'affascinante Castello, opera di Toyotomi Hideyoshi del 1586, simbolo della nazione unificata. Dōtonbori è invece il posto perfetto per perdersi tra il caotico brulicare di locali, fast food e ristoranti tipici della città, in cui assaporare la vera vita degli abitanti e le loro specialità.

Nara, antica capitale del Giappone e culla della sua arte e letteratura, è oggi uno sviluppato centro industriale dall'atmosfera magica. Ricca di templi e santuari di enorme rilievo (primo fra tutti quello di Tōdaiji, che ospita il Grande Buddha), rimane impressa per sempre l'esperienza di una passeggiata nel suo splendido parco, dove vivono in totale libertà diversi esemplari di cervi addomesticati.

A Chūgoku sono situati alcuni tra i santuari più belli del Paese, compreso quello di Itsukushima (o Miyajima), con il suo famoso *torii* elegantemente eretto nel mezzo dell'oceano.

Colma di importanza storica è Hiroshima, con il suo Museo Memoriale della Pace, in cui trovare una ricca collezione di documenti relativi al bombardamento nucleare avvenuto su questa città a conclusione della Seconda guerra mondiale.

> ### Aoshima: l'isola dei gatti
>
> Una piccola isola non lontana dalla costa di Ōzu, dove una ventina di pensionati ed ex pescatori si occupano di nutrire e accudire un centinaio abbondante di gatti, i veri padroni incontrastati del luogo.

Collegata a Honshū dai sei ponti di "Seto-Ōhashi", affacciata sul Mare Interno, a sud-ovest spunta l'isola di **Shikoku**, dal clima mite e la natura rigogliosa, tanto da permettere la fioritura degli ulivi (unico luogo in tutto il Giappone), particolarmente nota per l'ottimo cibo. Se capitate nella provincia di Tokushima ad agosto, potrete partecipare al folkloristico festival di Awa-odori, dove si celebrano le danze tradizionali a ritmo di tamburi e *shamisen*.

Lo stretto di Naruto è invece rinomato per le centinaia di vortici giganti che si creano per via del particolare incrocio di correnti riscontrabile in questo tratto di mare.

A Matsuyama, la sua città principale, sono assolutamente da visitare le terme di Dōgo, che vantano 3.000 anni di attività, e il Castello della città, uno dei meglio conservati di tutto il Paese. Shikoku è spesso la meta scelta da turisti affascinati dal suggestivo pellegrinaggio degli 88 templi, 1.200 km di camminata fra monti e pianure, dalla città di Naruto a quella di Sanuki-shi.

La parte sud-occidentale del Paese è costituita dall'isola di **Kyūshū**, ricca di sorgenti termali (come quella di Beppu, di origine vulcanica, o quelle di Ibusuki e Unzen). Fukuoka, il maggiore centro della regione, è un punto strategico per gli scambi internazionali con il resto dell'Asia, mentre Arita e Imari sono famose per la produzione di ceramiche colorate di raffinata eleganza. Qui si trova la storica Nagasaki, che fu l'unico porto aperto al commercio durante l'Era Tokugawa e che è stata bersaglio della seconda bomba atomica sganciata durante il 1945.

Sio, il giro del Giappone in bicicletta

Nella vita fa il fumettista, è noto per le sue strisce a firma "Scottecs" e la sua passione per il Giappone lo ha portato a girarlo tutto in bicicletta. Simone Albrigi, in arte Sio, con il fotografo Nicola Bernardi ha documentato il suo viaggio di 80 giorni con un vlog disponibile su youtube e su www.sio.im con l'hashtag #girodeilGiappone.
Un modo simpatico per conoscere il Paese se state pensando di farci un viaggio in futuro, ma volete scoprire qualche angolino di cui ancora sapete poco, o semplicemente per farvi quattro risate ripercorrendo le vicende dei due avventurieri.

Nella scia di isolette che compongono l'arcipelago sottostante, l'isola di **Okinawa** accoglie ogni anno molti visitatori, che giungono per ammirare le sue scogliere di corallo, il mare color smeraldo e gli antichi templi e castelli che la caratterizzano, come il Santuario Naminoue o il Castello di Shuri, Patrimonio Unesco.

La percezione degli spazi
Visitando alcune tra le città giapponesi più famose, prima fra tutte la capitale Tōkyō, si noterà subito una differenza fondamentale con le città occidentali cui siamo abituati: non esiste un reticolo di strade simmetriche che conduca a un centro città, in cui riconoscere e ritrovare le istituzioni simbolo dei valori della civiltà, come chiese, uffici, banche o negozi.

Questo perché la cultura giapponese esprime da sempre un certo gusto per l'asimmetria e non è incline a organizzare lo spazio imperniandolo su un punto centrale.

Il centro della città è di per sé vuoto, occupato di fatto dal Palazzo Imperiale, in cui risiede un imperatore che non si vede mai. Tutto il resto vi ruota attorno, e tutto intorno si svolge la vita sociale della città.

E non esistono praticamente indirizzi; le strade non hanno nome: siccome ogni punto di vista è fondamentale e va tenuto in considerazione, la città è organizzata secondo la logica di chi vi risiede, dei suoi riferimenti, e non in virtù dell'orientamento di chi la visita da fuori.

Gli indirizzi quindi si disegnano, a partire da un luogo che entrambi gli interlocutori conoscono, ricreando la mappa ideale della comunità nel suo territorio.

Impermanenza e meraviglie architettoniche

Al contrario di quella occidentale, che da sempre ha preferito l'utilizzo della pietra e di costruzioni che fossero il più possibile tendenti all'eterno, l'architettura giapponese si è fondata per anni sul concetto di impermanenza, di precarietà delle cose.

Per questo molti dei templi e delle costruzioni prima dell'avvento della grande modernizzazione sono realizzati con materiali deperibili, come legno, paglia o carta. Il concetto è sempre stato quello di rispondere al normale decadimento delle materie prime con la ricostruzione della struttura, esattamente identica a quella precedente, che entra così in sintonia con la ciclicità del tempo.

Un esempio lampante di ciò è il Santuario shintoista di Ise, che viene ricostruito e distrutto ogni 20 anni. La prossima sarà nel 2033.

Come è facile immaginare, l'avanzare inarrestabile dell'era moderna, il rapido sviluppo e le nuove esigenze generate da entrambe le condizioni precedenti hanno fatto sì che si lasciasse presto spazio, soprattutto nelle grandi città, a grattacieli e edifici all'avanguardia, com-

Occidentali in Giappone: grandi racconti di viaggio

Dei tanti diari di viaggio in Giappone che si potrebbero ritrovare nella letteratura mondiale, quattro sono gli autori che ci sentiamo di consigliare in modo particolare.

Di **Fosco Maraini** è la preziosissima eredità di *Ore giapponesi*, pubblicato per la prima volta nel 1958 e poi riproposto con aggiornamenti diverse volte negli anni a seguire (l'ultima edizione è del 2014 di Corbaccio). L'autore ci racconta il suo Giappone nel 1954, quando vi fa ritorno dopo esservi stato prigioniero con la famiglia in tempo di guerra. Un uomo che questo Paese lo tocca con mano, lo accarezza e lo comprende in tutte le sue stranezze e profondità.

Cerchi infiniti – viaggi in Giappone dell'olandese **Cees Nooteboom** (Iperborea, 2017) racconta con ottimi spunti e riflessioni un Sol Levante mistico e sognante, per certi versi inaccessibile e magico: una sfida che diventa un bellissimo viaggio indimenticabile, da godersi pagina dopo pagina.

Leggero il passo sui tatami di **Antonietta Pastore** (Einaudi, 2010) racconta invece vicende e vicissitudini dei suoi sedici anni in Giappone, con un linguaggio fresco, una sottile vena umoristica e il delicato occhio critico di chi sa lasciarsi affascinare senza farsi influenzare troppo.

Quaderni giapponesi di **Igort** (Coconino Press, 2015), forma ibrida a metà tra graphic novel, reportage e diario di viaggio, divisa in diversi volumi di cui l'ultimo, *Il vagabondo del manga*, uscito nel 2017. Perfetto per esplorare il Giappone perdendovi attraverso il suo passato e il suo presente, in un mistico viaggio fluttuante raccontato con una scrittura personale e intima che affascina e colpisce, proprio come il Giappone.

plice anche l'incredibile avanzamento tecnologico del Paese. Insieme a tutto questo, presto si rese necessario un collegamento tra le quattro isole principali: fu così che sorsero mirabili imprese di architettura ingegneristica come il Tunnel di Seikan tra Honshū e Hokkaidō, aperto nel 1988 dopo 20 anni di lavori. Tre ponti sospesi per un totale di 54 km, tra cui il più lungo ponte del mondo, il Ponte di Akashi, che misura 3.911 metri e ha sei corsie.

2. Storia e religione

Storia del Giappone

> **Cronologia**
>
> **c. 11.000-300 a.C. Periodo Jōmon**
> Caratterizzato dalla ceramica con decorazioni a corda
> 660 a.C. Leggendaria ascesa del primo imperatore Jimmu
> Tennō
> **c. 300 a.C.-300 d.C. Periodo Yayoi**
> Avvento della coltvazione del riso
> Produzione di ceramica elaborata, con decorazioni geometriche
> **c. 300-710 d.C. Periodo Kofun e Yamato**
> c. 550 Introduzione del buddhismo proveniente dalla Corea
> 593-622 Regno del principe Shōtoku
> 607 Prima missione diplomatica in Cina

Origini

Si narra che i primi abitanti abbiano raggiunto il Giappone tra l'VIII e il VII secolo, attraverso una varietà di Paesi tra cui la Corea, dando origine alla composizione etnica attuale, che comprende una mescolanza di razze. Sfortunatamente i resti archeologici non sono ancora al giorno d'oggi sufficienti per fare ipotesi che siano del tutto fondate. Gli studiosi stanno attendendo con impazienza il completamento degli scavi di antiche tombe funerarie vicino a Ōsaka risalenti al V secolo, tra cui anche quella dell'imperatore Nintoku.

Per adesso la versione che riscuote maggiori consensi si fonda sulla fusione, avvenuta circa 2-3.000 anni fa, tra gli Yayoi, agricoltori-allevatori originari dell'Asia centrale, emigrati in direzione dell'arcipelago, e gli Jōmon, il cui nome (letteralmente "decorazione a corda") è dovuto alla produzione caratteristica di vasi in ceramica decorati con forme intrecciate: la forma di ceramica più antica al mondo, dato che la loro presenza nell'isola è accreditata a oltre 10.000 anni fa.

Al Periodo **Jōmon** (11.000-300 a.C.) subentrò quindi la fase **Yayoi** (300 a.C.-300 d.C.), determinante per l'introduzione della coltura del riso, importato dal continente. In questo periodo si verificò lo stanziamento di alcune popolazioni nella ristretta area pianeggiante, che si estende tra le montagne e il mare. Anche allora il terreno coltivabile era scarso, e le popolazioni per vivere in pace e serenamente insieme dovevano imparare a servirsene secondo i dettami di una forma di rigida disciplina, ispirata alle leggi della natura, che ancora oggi modella molti dei comportamenti della popolazione attuale.

Particolare menzione va a una minoranza etnica ben distinta, gli **Ainu** (un gruppo caucasico proveniente con probabilità dalla Siberia Centrale), stanziatisi nel Giappone settentrionale 1.200 anni fa. Oggi vivono principalmente nell'isola di Hokkaidō, dove la loro lingua e la loro cultura sono protette dal governo. Su di loro sono state effettuate ricerche antropologiche molto importanti nei primi anni del Novecento, con eccezionali documentazioni fotografiche e filmati.

L'introduzione del bronzo e del ferro segnò il passaggio a un periodo successivo, denominato Periodo **Kofun** o Periodo dei Tumuli: divenne infatti tradizione seppellire i morti in particolari tombe a tumulo di diverse dimensioni in base allo status sociale del defunto e di corredarle con statue in terracotta che proteggessero lo spirito del defunto. La popolazione, inoltre, cominciò a organizzarsi in clan (detti *Uji*) e di conseguenza ad assumere comportamenti bellicosi per la supremazia, fino a quando, verso la fine del V secolo, non si distinse quello degli **Yamato** (300-552 d.C.), provenienti dall'area corrispondente all'odierna Prefettura di Nara: si era ufficialmente stabilita la dinastia imperiale giapponese.

Tra il VI e l'VIII secolo il clan degli Yamato dimostrò un certo interesse e una notevole apertura nei confronti della vicina Cina: cominciò un fitto scambio di messaggeri tra i due Paesi, che sfociò in un conseguente cambio dello stile di vita giapponese a favore di aspetti culturali e politiche originarie del millenario impero, quali il buddhismo, la scrittura cinese, nuovi sistemi di organizzazione e amministrazione del territorio e in seguito anche il confucianesimo. Sempre in questo periodo, poi, verranno compilate le prime antologie giapponesi: il *Kojiki* (711) e il *Nihon Shoki* (720) che serviranno anche a legittimare la discendenza divina della corte Yamato.

Ispirata al sistema di governo cinese fu anche la Costituzione dei diciassette articoli introdotta dal **principe Shōtoku** (593-622 d.C.), che sanciva il buddhismo come religione di Stato. A lui si deve anche la costruzione dei templi di Nara, tra cui quello di Hōryūji. Durante questo periodo cominciarono a sorgere elementi identificativi esclusivamente del Giappone, come i due alfabeti fonetici (*kana*).

Il Periodo Nara (710-794) e Heian (794-1192)

Cronologia

710-794 Periodo Nara
702 Introduzione del codice Taihō
752 Statua del Grande Buddha (*Daibutsu*) di Tōdaiji, Nara
781-794 Regno dell'imperatore Kammu

794-1192 Periodo Heian
805-806 Introduzione delle sette buddhiste Tendai e Shingon
838 Dodicesima e ultima missione diplomatica in Cina
858 Il clan Fujiwara riduce la figura dell'imperatore a un "fantoccio"; il potere reale è nelle mani dei grandi signori feudali
c.1002-1019 Murasaki Shikibu compone il *Genji Monogatari* (La storia di Genji)

Sul modello dell'impero cinese T'ang sorsero le attuali città di **Nara** (710 d.C.), la quale divenne sede della corte imperiale dell'imperatrice Genmei, e **Kyōtō** (794 d.C.). In concomitanza nasce il termine *nihon* (日本) che di lì in avanti sarebbe stato utilizzato per riferirsi al Giappone.

Importante è l'introduzione del codice Ritsuryō, che eliminava la divisione della popolazione in clan (*uji*) e li raggruppava in sudditi (*komin*) ordinati per gerarchie in base alle famiglie di appartenenza.

Nara divenne espressione dei numerosi contatti d'oltremare che il Paese cominciava a intrattenere e dell'importante ruolo che il buddhismo, divenuta religione di Stato, cominciava a ricoprire.

Furono costruiti nella città 48 templi, dei quali il più importante fu il Tōdaiji, contenente dal 752 la statua del Grande Buddha (*Daibutsu*), simbolo dell'autorità universale dell'imperatore.

Tuttavia la crisi del sistema fondiario e lo strapotere del buddhismo spinsero l'imperatore Kammu a spostare la corte a **Heian**, l'odierna Kyōtō.

Nonostante i tentativi di escludere le istituzioni buddhiste dai centri di potere, vietando la costruzione di luoghi di culto all'interno della nuova capitale, alla morte del reggente, grazie al mecenatismo, cominciano a comparire templi privati e sette come quelle di Tendai e Shingon.

Per sedare e tenere sotto controllo le rivolte e le sommosse delle regioni più periferiche, venne istituita una milizia (*kondei*), formata da piccoli nobili di provincia

Cronologia

1192-1338 Periodo Kamakura

1185 Il clan Minamoto prende il potere con Yorimoto, che stabilisce un regime militare

1192 L'imperatore conferisce a Yorimoto il titolo di *shōgun* (comandante in capo); lo *shōgun* governa il Paese nel nome dell'imperatore

1274-81 Kublai Khan invade Kyūshū; la sua flotta viene ripetutamente distrutta da un uragano "mandato dal cielo", da qui il nome *kamikaze*

1338-1573 Periodo Muromachi

1336 Lo *shogunato* di Minamoto viene sconfitto da Ashikaga Takauji, il cui *shogunato* viene riconosciuto dall'imperatore nel 1338

1467-77 Guerra dell'Ōnin, seguita da un periodo di cento anni di guerre civili

1542-43 Alcuni marinai portoghesi approdano a Tanegashima, nell'isola di Kyūshū, seguiti da commercianti spagnoli, olandesi e inglesi; avviene l'introduzione delle armi da fuoco occidentali

1549 San Francesco Saverio arriva in Giappone e inizia a predicare la fede cattolica

1560 Oda Nobunaga inizia l'unificazione del Giappone

1573-1603 Periodo Azuchi-Momoyama

1586 Costruzione del Castello di Ōsaka a opera di Toyotomi Hideyoshi

1590-92 Supremazia di Hideyoshi in Giappone e prima invasione in Corea

1598 Morte di Hideyoshi e ritiro dalla Corea

1600 Vittoria di Tokugawa Ieyasu nella Battaglia di Sekigahara

e da loro fidati sottoposti, andando a creare lentamente una vera classe di militari professionisti.

Durante questo periodo il potere della famiglia imperiale andava indebolendosi, a favore di istituzioni religiose e di famiglie nobili come quella dei Fujiwara, che lentamente presero il potere nel periodo *sekkan seiji*, "governo dei reggenti" (967-1086), riportando la forma di governo più simile al periodo degli *uji* e allontanandola dal modello cinese.

Dal Periodo Heian (794-1192) al Periodo Edo (1603-1868)

A partire dal XII secolo, il Paese affrontò burrascose guerre tra clan: il potere politico fu usurpato dagli aristocratici militari e il governo nel nome dell'imperatore passò ai guerrieri *shōgun* (comandanti in capo).

Nel Periodo Kamakura (1192-1338), che prende il nome dalla città in cui fu spostata la capitale, il titolo di *shōgun* divenne ereditario e il governo del Paese fu affidato a una oligarchia militare (*bakufu*). La Mongolia di Kublai Khan tentò per ben due volte (nel 1274 e nel 1281) di invadere il territorio, ma in entrambi i casi fu fermata da un potente uragano, che portò i giapponesi a coniare la parola *kamikaze*, "vento divino", termine che sarebbe poi diventato tristemente famoso durante la Seconda guerra mondiale.

In questo periodo venne codificato il *bushidō*, "la via del guerriero", incentrato su lealtà, obbedienza, coraggio e disciplina.

Il XV secolo fu segnato dall'anarchia. Con la guerra dell'Onin di fatto inizia il **Periodo Sengoku** (1467-1573), definito "degli stati combattenti", che avrebbe inaugurato un periodo di cento anni di conflitto interno.

L'etica dei samurai 武士道

Poche figure nell'immaginario collettivo sono legate al Giappone come i samurai. Questa casta di nobili guerrieri ha rappresentato il tessuto connettivo della società giapponese per svariati secoli dal Medioevo al Rinnovamento Meiji di fine Ottocento. Erano, di fatto, la guardia armata del *daimyō*, il feudatario, al quale li legava un principio di lealtà assoluta.

Straordinaria l'estetica delle loro armature e leggendarie le loro armi, a partire dalla spada *katana*, tuttora realizzate secondo procedure artigianali antichissime e assai complesse. Oltre a possedere abilità militari e di combattimento, i samurai dovevano garantire la totale adesione a un codice di condotta molto rigido (noto come *bushidō*), ispirato alle dottrine confuciane e buddhiste, riassunte in sette principi fondamentali: onestà (*gi* 義), coraggio (*yu* 勇), compassione (*jin* 仁), cortesia (*rei* 礼), sincerità (*makoto* 誠), onore (*meiyo* 名誉), lealtà (*chugi* 忠義). Questi principi dovevano essere perseguiti anche a costo della propria vita: il venir meno a essi avrebbe comportato un disonore al quale l'unica risposta possibile era il *seppuku* (meglio noto in Italia come *harakiri* che letteralmente significa "tagliare il ventre"), il suicidio rituale operato infliggendosi una coltellata nello stomaco da sinistra verso destra e poi verso l'alto.

> **_Silence_ di Martin Scorsese**
>
> Ambientato nel 1633, il film narra le vicende di due giovani padri gesuiti, Padre Rodrigues e Padre Garupe, che partono alla volta del Giappone per ritrovare la loro guida spirituale, Padre Ferreira, di cui si sono perse le tracce, nonostante siano al corrente delle feroci persecuzioni e delle torture che potrebbero attenderli.
>
> Basato sul romanzo dello scrittore Shusaku Endo, _Silenzio_ (Corbaccio, 2013), il film ha ricevuto una candidatura al Premio Oscar per la migliore fotografia, di cui si è magistralmente occupato Rodrigo Prieto.

Negli stessi anni però sbarcarono in Giappone anche i primi europei, dei portoghesi, intorno al 1540. L'evento fu casuale, dovuto a una tempesta che aveva spinto il bastimento cinese su cui viaggiavano verso le coste del Kyūshū. A seguito di questo primo incontro, nel periodo tra il 1549 e il 1551 giunsero nell'arcipelago i gesuiti e con essi il cristianesimo. La nuova religione ebbe da principio un discreto seguito, coinvolgendo molte persone di tutte le classi sociali, compresi anche alcuni _daimyō_. Sulla scia dei missionari, giunsero a loro volta mercanti olandesi e inglesi. Ma i problemi cominciarono a farsi sentire quando, attorno al 1590, giunsero anche i missionari francescani spagnoli, che ben presto entrarono in contrasto con i portoghesi.

Questi conflitti giocarono a favore dei governanti politici giapponesi, i quali vedevano nel cristianesimo una seria minaccia per lo status quo della società. Il risultato era prevedibile: lo *shōgun* Hideyoshi, che era riuscito a unificare il Giappone nel 1590, raccogliendo l'eredità di Nobunaga, ordinò l'esecuzione di nove preti europei e di nove giapponesi convertiti e bandì la nuova religione e tutti i suoi seguaci dal Paese. La fine della presenza del cristianesimo fu segnata nel 1637-38, quando 37.000 contadini cristiani furono sterminati vicino a Nagasaki, in seguito a una ribellione causata dall'incessante oppressione economica e religiosa.

Dopo una serie di sanguinose vicende, di tradimenti e alleanze segrete tra i vari appartenenti dei clan dominanti, lo stato di anarchia ebbe termine nell'ottobre 1600 con la battaglia di Sekigahara, quando Tokugawa Ieyasu, anch'egli uomo di Nobunaga, disperse la maggior parte degli oppositori e si dichiarò comandante militare di fatto di tutto il Giappone. Tre anni dopo fu dichiarato formalmente *shōgun* e si stabilì a Edo, l'attuale Tōkyō.

Il Periodo Tokugawa o Edo (1603–1868)

Cronologia

1603-1868 Periodo Edo
1603 Ieyasu riceve il titolo di *shōgun*
1614-15 Presa del Castello di Ōsaka, ultimo rifugio degli eredi di Hideyoshi
1622-38 Grandi persecuzioni cristiane
1638 Inizio della politica isolazionista: viene promulgato l'ordine del *sakoku* ("paese in catene"): è negato l'accesso a tutti i viaggiatori e gli stranieri vengono espulsi, con qualche rara eccezione
1811-13 Cattura del capitano russo Golovnin in Hokkaidō
1853-4 Visite del Commodoro Perry nel porto di Uraga, nella Baia di Edo, e firma del Trattato di Kanagawa
1866-7 Yoshinobu diventa quindicesimo e ultimo *shōgun*
1867 Rivolta di nobili isolazionisti destituisce lo *shogunato*
1868 Insediamento di Mutsuhito (Imperatore Meiji)

Sotto il suo controllo (1603-1868) il Giappone visse un'epoca straordinaria in cui regnò la pace per oltre due secoli e mezzo di prosperità economica e di sviluppo culturale. In tutto il Paese si assistette a un fiorire di attività artistiche e letterarie senza pari.

Cominciò quindi un periodo di volontario isolamento (*sakoku*), in cui tutti gli stranieri (per quanto pochi) vennero allontanati, a eccezione dei mercanti cinesi e olandesi, che potevano però commerciare soltanto su alcune isolette ben definite ai confini della nazione.

Perciò il Giappone si dedicò in solitudine e senza influenze esterne a un processo di sviluppo "interno e interiore", al fiorire delle arti letterarie e della stampa, allo sviluppo urbano, ai progressi tecnologici (come quelli nella produzione delle spade e della polvere da sparo), alla costruzione di reti stradali e collegamenti per favorire le comunicazioni tra le varie aree del Paese.

L'isolamento del Giappone si protrasse per circa 200 anni, più precisamente fino al 1853, quando il Commodoro Matthew C. Perry della Marina degli Stati Uniti e le sue corazzate – definite dai giapponesi "navi nere" – "si recarono in visita" in Giappone, con un mandato del presidente degli Stati Uniti, per chiedere la sottoscrizione di un trattato. Questo succedeva a luglio. I termini del contratto non erano esattamente favorevoli per entrambe le parti e il Giappone non nascose la sua riluttanza a firmare. Perry però fece capire molto chiaramente che c'erano due cose che proprio non gli mancavano: la pazienza e una flotta ancora più potente. Avvisò quindi che avrebbe aspettato fino a ottenere i documenti firmati. Ritornò il febbraio seguente. I giapponesi furono costretti ad arrendersi alla potenza americana e all'Occidente intero e ad accettare le richieste avanzate. Era l'inizio dei trattati ineguali che, fra le altre cose, stabilivano che i due porti di Shimoda a sud e Hakodate a nord sarebbero stati utilizzati dalle navi estere come punto di appoggio per fare rifornimento. Le "catene" erano state infine spezzate. Nell'arco di due anni il governo fu costretto a firmare con Inghilterra, Russia e Olanda trattati che portarono ben presto all'apertura di altri porti. Nel 1858 Townsend Harris, il primo console americano, negoziò un trattato commerciale, definito in modo quasi sarcastico "trattato d'amicizia e commercio", che sanciva il potere extraterritoriale americano (il diritto di stabilire propri tribunali) sul Giappone. Era la fine dello shogunato e l'inizio della Restaurazione Meiji.

Il Rinnovamento Meiji

Cronologia

1868-1912 Era Meiji: Mutsuhito Imperatore
1869, 3 gennaio: restaurazione dei poteri esecutivi all'imperatore
1889 Promulgazione della Costituzione
1890 Riforma imperiale sull'educazione
1894-5 Guerra sino-giapponese. Il Giappone espelle la Cina dalla Corea
1899 Revisione dei trattati con le potenze straniere
1902 Prima Alleanza anglo-giapponese (rinnovata nel 1906 e nel 1911)
1904-5 Guerra russo-giapponese. Il Giappone scaccia la Russia da Manciuria e Corea
1910 Annessione della Corea

A partire dal 1868, la struttura sociale e politica cambiò radicalmente di nuovo, riportando nelle mani dell'imperatore tutto il potere che per secoli era stato detenuto dagli *shōgun*.

Ebbe così inizio il periodo conosciuto come Rinnovamento Meiji, pari indicativamente ai 44 anni in cui regnò sovrano l'imperatore **Mutsuhito** (dal 1868 al 1912), che guidò il Giappone attraverso una serie di importanti progressi nel campo dell'agricoltura e dell'industria, dell'assetto militare, dell'espansione della capitale.

Infatti, durante questo periodo, il Giappone sconfisse in due grandi guerre sia la Cina (1894-95) che la Russia (1904-05) e festeggiò il suo nuovo status di "potenza imperiale" a livello mondiale quando strinse con la Gran Bretagna l'Alleanza anglo-giapponese (1902-22), che divenne anche lo stimolo per entrare, se pur marginalmente, nella Prima guerra mondiale. Inoltre, così, quei famosi trattati ineguali divenivano finalmente paritari.

Il tempio Meiji

Eretto nel 1912 dopo la morte dell'imperatore Meiji per custodire il suo spirito come un *kami* (神), il tempio è uno dei più grandi e più visitati santuari shintoisti ancora in attività, specialmente durante le celebrazioni del Capodanno. Si trova nel centro di Tōkyō, nel quartiere di Shibuya, all'interno del parco di Yoyogi, famoso per i suoi oltre centomila alberi.

Il Novecento e la Seconda guerra mondiale

Cronologia

1912-1926 Era Taishō: Yoshihito Imperatore
1914 Il Giappone entra nella Prima guerra mondiale a fianco degli Alleati; occupa i possedimenti tedeschi nel Medio Oriente
1915 Le "Ventuno domande" poste alla Cina
1921-22 Conferenza di Washington
1926-1989 Era Shōwa: Hirohito Imperatore
1931 "Incidente in Manciuria." Il Giappone invade la provincia cinese di Manciuria e crea il governo fantoccio di Manchukuo, regolato dal governo giapponese e controllato dai militari e dai nazionalisti di estrema destra
1940 Alleanza tripartita con Germania e Italia
1941, 7 dicembre: attacco alla flotta statunitense a Pearl Harbour. Stati Uniti e Gran Bretagna dichiarano guerra al Giappone
1945, 6 agosto: bomba atomica su Hiroshima; 9 agosto: bomba atomica su Nagasaki. Resa incondizionata (Dichiarazione di Potsdam). Occupazione del Giappone guidata dal generale Douglas MacArhtur
1952 Termina l'occupazione. Il Giappone torna a essere uno stato libero
1956 Il Giappone entra nelle Nazioni Unite
1964 Olimpiadi in Giappone e inaugurazione dello Shinkansen – il treno ad alta velocità che collega Tōkyō a Ōsaka
1972 Il Giappone rientra in possesso di Okinawa (sotto l'amministrazione USA)

Durante il corso del XX secolo, i tentativi del Giappone di essere considerato uno "Stato occidentalizzato" furono compromessi, se non rifiutati, dal modo in cui fu trattato nello scenario internazionale. Durante la Conferenza sul disarmo navale che si tenne a Washington prima (1922) e Londra poi (1930), al Giappone fu intimato di adeguare la propria flotta alle limitazioni internazionali stabilite, riducendone significativamente la potenza. L'isolamento fu accentuato quando nel 1933 dovette uscire dalla Lega delle Nazioni, poiché si era rifiutato di rinunciare ai propri progetti di espansionismo in Cina. Questi eventi portarono il Giappone a ridimensionare geograficamente la propria potenza e alla nascita dell'idea di un "Commonwealth asiatico", che gli avrebbe permesso di accedere ai mercati e ai materiali di cui aveva disperatamente bisogno, in un mondo sempre più protezionista. Nel 1940 fu annunciata la nascita della "Sfera di co-prosperità della Grande Asia orientale".

Importante è capire lo stato in cui il Giappone, carico delle speranze di raggiungere lo status di "grande potenza occidentale", entrò in guerra nel dicembre 1941. L'orgoglio nazionale, sentito profondamente a livello governativo, economico e amministrativo, aveva ricevuto un brutto colpo con il rifiuto come partner nel mondo occidentale. Non deve sorprendere, allora, se volle cogliere l'occasione di assumere il potere sull'Asia intera.

Nel periodo intercorso tra la sconfitta a opera delle potenze alleate nell'agosto 1945 e la firma del Trattato

Hiroshima e Nagasaki

La Germania si arrese alle potenze alleate nel maggio 1945. Tuttavia l'esercito militare giapponese continuò a combattere nel Pacifico, come nella battaglia per l'isola di Okinawa (aprile-giugno 1945), che registrò 200.000 morti giapponesi e migliaia di feriti americani. Nel frattempo il governo del Paese sapeva di essere ormai militarmente sconfitto e, non riuscendo a trovare un accordo interno sul da farsi, rimandò e rifiutò più volte la Dichiarazione di Potsdam che voleva la resa incondizionata.

Il 6 agosto 1945 una bomba atomica fu sganciata da un B–29 ed esplose a circa 600 m sul centro della città di Hiroshima, polverizzando all'istante tutto ciò che c'era sotto. L'unico edificio a rimanere in piedi fu il Promotion of Industry Building, da poco costruito in cemento armato, ora sede dell'Hiroshima Peace Park and Museum.

Non avendo ancora risposta da parte del governo giapponese, il 9 agosto fu sganciata una seconda bomba sull'antica città di Nagasaki. Le esplosioni e gli effetti delle radiazioni provocarono circa 200.000 morti a Hiroshima e 140.000 a Nagasaki. Il 14 agosto, attraverso un comunicato radio, l'imperatore Hirohito chiese al suo popolo di "sopportare l'insopportabile". Il giorno dopo il Giappone accettò la resa incondizionata firmando la Dichiarazione di Potsdam. Il 2 settembre 1945 la nave americana *Missouri* capitanata dal generale McArthur attraccò alle coste giapponesi: cominciava così l'occupazione del Paese, che sarebbe durata sei anni.

di pace di San Francisco del settembre 1951, il Giappone venne amministrato dalle forze di occupazione degli Stati Uniti. Furono attuate molte riforme liberali e democratiche e il potere dell'imperatore venne ridotto, la sovranità venne attribuita formalmente al popolo e il Giappone dovette rinunciare al diritto a entrare in guerra (Art. 9).

Ancora oggi l'influenza statunitense è piuttosto forte e, soprattutto, non è vista di buon occhio dalla maggior parte dei giapponesi: la base militare americana di Okinawa è stata oggetto di numerose manifestazioni di protesta da parte della popolazione dell'isola, costringendo, nel maggio 2010, addirittura alle dimissioni il presidente Hatoyama, che in campagna elettorale aveva promesso, senza risultati, una ridefinizione dei rapporti con Washington proprio riguardo alla base militare.

Il programma di ricostruzione e le nuove tecnologie che gli Stati Uniti esportarono subito dopo la fine della guerra, unitamente al boom economico che accompagnò la Guerra di Corea (1950-53), gettarono le basi per uno straordinario periodo di sviluppo industriale. Alla fine degli anni Sessanta il Giappone era diventato un baluardo contro il comunismo nonché la terza potenza industriale dopo Stati Uniti e Russia, per poi, nei primi anni Ottanta, passare addirittura al secondo posto. La sua forza industriale si basava su investimenti ingenti, sull'adozione di tecnologie moderne e sull'impiego di una forza lavoro efficiente e altamente qualificata. Allo stesso tempo, il successo economico era dovuto anche all'utilizzo di minerali e combustibili importati dall'estero. Il Giappone infatti è estremamente carente di risorse e dipende per l'80% del fabbisogno energetico dalle importazioni di petrolio grezzo e gas liquido (GPL). Il 30% del fabbisogno elettrico è prodotto dalle risorse nucleari, mentre il restante proviene dalle centrali idriche e da quelle alimentate a petrolio.

Funesta conseguenza di questo sviluppo così consistente e così rapido fu l'inquinamento industriale del Paese. Le immagini delle maschere antismog e delle inquinate Tōkyō e Ōsaka, che apparvero sulle pagine dei quotidiani principali, furono un brutto colpo per il Giappone di fronte all'opinione pubblica mondiale, mentre andavano diffondendosi gravi malattie, tra le quali il "morbo di Minamata" e l'"asma di Yokkaichi".

Vista l'enorme dipendenza del Paese dalle importazioni di risorse energetiche, il governo non poté che iniziare una produzione di energia nucleare in larga scala (a partire dalla metà degli anni Cinquanta) e lo fece con l'aiuto di altre potenze nucleari quali la Gran Bretagna. Naturalmente esiste tutt'oggi una forte preoccupazione per la sicurezza ambientale. Il Giappone conta ora 49 centrali nucleari che coprono circa il 40% del fabbisogno elettrico.

Dagli anni Novanta ai giorni nostri

Cronologia

1989-2019 Era Heisei : Akihito Imperatore

1990 Esplode la "bolla economica" fatta di banche, capitali stranieri ed economia gonfiata. È l'inizio, in Giappone, del cosiddetto "decennio perso"

1998 Olimpiadi invernali a Nagano

2002 Il Giappone, insieme alla Corea del Sud, ospita i Campionati Mondiali di Calcio

2010-12 Per la prima volta il Partito Liberal Democratico sale al governo

2011 Terremoto di Sendai, disastro di Fukushima

2012 Torna al governo il Partito Conservatore

2016 Akihito, nel suo secondo messaggio pubblico in quasi trent'anni, annuncia l'abdicazione in favore del figlio Naruhito

2017 Le elezioni confermano Shinzō Abe a capo del governo

2019-giorni nostri Era Reiwa: Naruhito Imperatore

A marzo scoppia la pandemia SARS-CoV-2

L'imperatore Akihito abdica in favore del figlio Naruhito: il 1° maggio inizia così l'era Reiwa.

2021 A Tōkyō si tengono i Giochi della XXXII Olimpiade

La principessa Mako rinuncia al titolo imperiale per amore di Kei Komuro

Lo scoppio della cosiddetta "bolla economica" agli inizi degli anni Novanta continua ad avere un impatto considerevole sulle economie del Sud-est asiatico e degli Stati Uniti, il più grande partner commerciale del Giappone.

Il valore dei terreni che va alle stelle, il numero elevato di prestiti emessi dalle banche, l'alto grado di corruzione all'interno di vari ambiti quali le assicurazioni, l'industria dei servizi bancari e degli investimenti, assieme alla penetrazione della criminalità organizzata nel sistema (*yakuza*) e a un livello di occupazione insostenibile, sono tutti fattori che hanno contribuito all'"implosione" dell'economia giapponese. Un periodo caratterizzato da una grande instabilità, con l'alternarsi di numerosi diversi premier nel giro di pochi anni. Dal dopoguerra a oggi i governi giapponesi, presieduti solitamente dal segretario o presidente del partito di maggioranza, sono durati mediamente appena 16 mesi: ve ne sono stati 8 dal maggio 1947 al novembre 1955 e 42 dal novembre 1955 al 2012 (si è trattato in genere di governi di minoranza).

I principali partiti sono il Partito Liberal Democratico, di tendenza conservatrice, e il Partito Democratico, di tendenza socialdemocratica e progressista: il primo ha governato ininterrottamente dal 1946 al 2009, anno in cui Yukio Hatoyama conseguì una vittoria storica, interrompendo cinquant'anni di egemonia politica del partito di centro-destra.

Dopo un triennio nel quale si sono succeduti ben tre primi ministri, a novembre 2012 sono state convocate le elezioni anticipate, che hanno decretato il ritorno al potere del Partito Liberal Democratico e alla nomina a primo ministro di Shinzō Abe, che era già stato premier nel 2006-2007 e che avrebbe dato le dimissioni solo nel settembre del 2020 per motivi di salute.

L'11 marzo 2011 il Giappone ha subito uno dei terremoti più violenti della storia, con epicentro a 130 km al largo di Sendai. Questo ha provocato uno tsunami che ha causato la morte di oltre 25.000 persone, e il disastro nucleare nella centrale di Fukushima, sulla costa est del Paese.

Ad agosto 2016, con un gesto senza precedenti, l'imperatore Akihito in un messaggio registrato alla nazione aveva annunciato la sua intenzione di abdicare in favore del figlio primogenito Naruhito. Il 23 dicembre 2018, in occasione del suo ottantacinquesimo compleanno e del suo ventinovesimo anno da regnante, durante una commovente conferenza stampa, Akihito ha confermato che l'era Heisei sarebbe terminata il 30 aprile successivo.

Se nel 2017 il Giappone ha attraversato momenti di tensione a causa degli instabili rapporti tra il presidente USA Donald Trump e il leader nordcoreano Kim-Jong-un dopo il lancio di svariati missili nucleari come test nel mare adiacente l'arcipelago, a fine 2018 il Paese del Sol Levante è tornato a far parlare di sé con un tema scottante come quello della caccia alle balene. Infatti, ritirandosi dalla International Whaling Commission (IWC), il Giappone ha annunciato che nel 2019 avrebbe riaperto la caccia dei cetacei per uso commerciale. In realtà, pur firmando nel 1986 la moratoria, pare che Tōkyō non abbia mai smesso veramente di cacciare le balene, ma che abbia invece continuato utilizzando la scusa della ricerca scientifica.

Una nuova Era

Con l'abdicazione di Akihito a favore del primogenito Naruhito, in Giappone è tramontata l'Era Heisei per dare spazio all'Epoca Reiwa (letteralmente "periodo di bella armonia") iniziata ufficialmente il 1° maggio 2019, data dell'ascesa di Naruhito al trono del crisantemo.

La nuova epoca ha visto anche la successione a primo ministro da Abe Shinzō a Suga Yoshihide nel settembre del 2020.

Tuttavia anche Suga, dopo un solo anno di mandato, ha rassegnato le sue dimissioni, non partecipando alle primarie del suo partito d'appartenenza a causa di un drastico calo di fiducia nei confronti del suo esecutivo da parte dell'elettorato e di una gestione della pandemia di COVID-19 rivelatasi fallimentare.

Il 3 ottobre 2021 Fumio Kishida, anch'egli esponente del Partito Liberal Democratico, è diventato il nuovo primo ministro del Giappone.

Religione, costumi e tradizioni

Lo shintoismo

Viaggiando in Giappone, soprattutto se vi capiterà di uscire dalle grandi città e dirigervi verso le montagne, vi accorgerete che sarete accompagnati dalla sensazione di non essere mai soli.

Le principali feste religiose (Matsuri)

Ogni anno si tengono in Giappone decine di feste religiose, molte delle quali hanno antiche origini shintoiste.

Shōgatsu. Capodanno.

Setsubun. Detta anche "festa del lancio dei fagioli", celebra l'arrivo della primavera, che in Giappone si festeggia il 3 febbraio. Le persone lanciano fagioli per scacciare i demoni e chiamare a sé la fortuna. Ne mangiano poi una quantità pari ai loro anni.

Hina Matsuri. Si celebra il 3 marzo la festa delle bambole, quando le famiglie che hanno figlie femmine espongono bambole *hina*, agghindate con abiti ispirati al periodo Heian. Si dice sia di buon auspicio per la loro salute e la loro crescita.

Higan. La festa per l'equinozio di primavera (21 marzo) e d'autunno (23 settembre). Si fa visita alle tombe degli antenati, si prega e si brucia incenso per le anime dei defunti.

Il giorno del bambino. Il 5 maggio le famiglie che hanno figli maschi appendono fuori dalla casa il *koinobori*, una bandiera a forma di carpa, simbolo di una vita felice e di successo.

Kanamara Matsuri. Festival della fertilità, che si celebra la prima domenica di aprile a Kawasaki. Ormai diventato famoso per la forma fallica della divinità venerata, al giorno d'oggi i fondi ricavati dai commerci e dagli eventi della festa vengono devoluti alla ricerca sull'HIV.

Tanabata. Conosciuta anche come "Festa delle stelle" si svolge il 7 luglio o il 7 agosto. Celebra il ricongiungimento di Orihime e Hikoboshi (in Occidente meglio conosciuti come stelle Vegar e Altair). Si scrivono i propri desideri su strisce di carta che si attaccano ai rami degli alberi o alle canne di bambù.

O-bon. 15 luglio. La gente torna ai paesi natali per onorare i propri morti. Si accendono lanterne per guidare le anime dei defunti verso casa; spesso si fanno galleggiare lungo i fiumi.

> **Gion Matsuri.** Si festeggia a Kyōtō per allontanare gli spiriti maligni e le influenze negative, causa di epidemie e catastrofi naturali. La data è fissata il 17 luglio in memoria degli eventi dell'869, quando il Paese fu sconvolto da una terribile epidemia di peste. Famosi sono i suoi 32 carri mascherati.
> **Hakata Gion Yamakasa.** Questa festa, che si celebra in luglio a Fukuoka, attira ogni anno moltissimi visitatori per via della gara dei carri giganti.
> **Shichigosan.** 15 novembre. Letteralmente "sette, cinque, tre": le bambine di 3 o 7 anni e i bambini di 5 o 7 anni vengono portati nel tempio shintoista locale con indosso il *kimono* tradizionale per pregare per la propria salute.

Questo perché la natura da tempi antichissimi in questo Paese è venerata in ogni sua manifestazione, tanto da sembrare personaggio attivo della vita quotidiana. Ti lascia la sensazione, come fa l'intero Giappone, di essere al contempo "dentro" e "fuori".

Lo shintoismo è un'antica forma di culto della natura che in Giappone ha radici molto antiche. Il nome *shinto*, "la via degli Dei", distingue questo credo dal suo successivo rivale proveniente dalla Cina, denominato *butsudō*, "la via del Buddha".

Si basa sulla ricerca di un rapporto armonioso con la natura, senza l'intercessione di divinità altre, ma riconoscendo proprio negli elementi naturali un'essenza divina; non tratta i problemi alla base della maggior parte delle religioni mondiali come il concetto di anima o l'esistenza di un aldilà, non impone codici etici o morali.

La natura viene celebrata per le sue manifestazioni quotidiane attraverso diversi riti, feste, cerimonie e usanze popolari collegate in particolar modo ad attività agricole come la semina, il raccolto e la fertilità del terreno, che si tengono con cadenza annuale in tutto il Paese. Ogni fenomeno può racchiudere in sé un'energia spirituale o forza vitale. Una cascata, un dirupo di montagna, un vecchio albero, una pietra dalla forma strana, un uccello o un animale possono tutti diventare oggetti fonte di culto e ispirazione, chiamati *kami*, termine spesso tradotto come spirito, deità o "dio", ma che non ha relazione alcuna con il concetto giudaico-cristiano di Dio. Un esempio è la dea del sole Amaterasu, adorata nel grande Santuario di Ise, il luogo più sacro di tutto il Giappone, assieme agli altri dei e antenati.

Capire lo shintoismo significa capire il Giappone. Della sua religione è intrisa tutta la sua cultura, la sua letteratura, la sua arte. Le tradizioni religiose occidentali vedono la natura come un riflesso del Divino, mentre i giapponesi vedono nella natura la personificazione dell'Assoluto.

Nello shintoismo non esiste un reale contenuto etico, anche se l'accento viene posto sui rituali di purificazione, come quelli collegati al bagno e alla cura dell'igiene personale. Ad esempio, prima di entrare in uno dei templi shintoisti che adornano le montagne e il paesaggio, è necessario lavarsi mani e viso. Non vi è niente di scritto, a parte le invocazioni, i cerimoniali e una serie di miti e leggende.

Inoltre non è raro che all'interno di negozi, fabbriche e grandi aziende si trovino piccoli templi dedicati agli dei: tra tutti la divinità *Inari* è quella più comunemente venerata, perché associata alla fertilità del raccolto del riso e quindi considerata responsabile della buona sorte per gli affari.

Nelle case giapponesi, invece, si possono trovare vari talismani e simboli shintoisti collocati sul *kamidana*, un altare o una mensola dove trovano posto i *kami* a protezione della casa.

Lo spazio sacro: satoyama, okuyama e il concetto di oku
Come abbiamo accennato nel capitolo precedente, lo spazio in Giappone si divide nelle due sfere del selvatico e sacro (lo *yama*) e del coltivato e umano (il *sato*). Per approfondire meglio questo aspetto, bisogna prima di tutto identificare il concetto di *oku* (奥).

Il termine *omote* (表) rappresenta il viso e la maschera, e per estensione il comportamento codificato che un individuo tiene rapportandosi con la società e la superficie di un oggetto, la parte orientata al sole di una casa.

Ura (裏) è invece la parte nascosta, il comportamento più reale e meno codificato di un soggetto, la parte in ombra di una casa.

L'*oku* rappresenta la profondità, i pensieri più intimi, il limite ultimo. Nell'ambito religioso, si manifesta nell'in-

Amaterasu

Conosciuta anche come "la grande dea del sole", Amaterasu è forse la divinità più importante dell'intero pantheon giapponese.

Si narra che un giorno, dopo una discussione con il suo fratello ribelle, il dio della tempesta Susanoo, Amaterasu decise di far spegnere il sole, ritirandosi in una caverna, e di far calare così una notte eterna sul mondo.

Le altre divinità tentarono più volte di farla uscire, ma senza successo. La situazione cambiò quando la dea Uzume, lanciandosi in una danza sfrenata, spinse Amaterasu a venir fuori.

Una volta uscita, poi, la dea del sole si convinse a tornare in cielo e a risplendere.

Anni dopo la stessa Amaterasu avrebbe inviato sulla Terra suo nipote Ninigi con il compito di pacificare il Giappone.

A Ninigi vennero donati una spada, uno specchio, e un gioiello sacro: erano i primi simboli imperiali giapponesi.

Tutt'oggi questi tre oggetti vengono consegnati ritualmente all'imperatore del Giappone nel giorno della sua incoronazione in modo da simboleggiare la discendenza divina della popolazione e la legittimazione divina della stirpe imperiale.

Difatti, fino alla fine della Seconda guerra mondiale con la "dichiarazione della natura umana dell'imperatore", il sovrano nipponico era considerato come un essere ultraterreno, con lo stesso sangue di Amaterasu.

sistenza di nascondere, di rendere inaccessibile alla vista. Basti pensare al rito che identifica l'ascesa del nuovo imperatore al trono, la cui parte più importante è un banchetto localizzato nella parte più interna del santuario, segreta e appunto inaccessibile alla vista, in cui il nuovo reggente spartisce le offerte ricevute con la dea Amaterasu.

Questo perché il potere sacro si manifesta nell'*oku*, nel chiuso, nel buio. E quindi lo spazio sacro esprime sempre, inevitabilmente, un movimento verso l'*oku*, il mondo di *yama*, che si divide in due sezioni:

- il *satoyama*, ovvero la zona compresa tra il coltivato e il selvatico, dove di solito è situato il tempio shintoista definito *satomiya*: è quello da cui gli uomini devono partire per raggiungere la divinità;
- l'*okuyama*, la zona più elevata della montagna o quella più profonda della foresta, inaccessibile all'uomo e invisibile. Qui è situato il tempio *okumiya*, segreto, accessibile a pochi asceti.

Il pellegrino che si voglia rapportare alla divinità deve quindi attraversare un percorso obbligato: entra dal **portale *torii*** (鳥居), composto da due sostegni verticali inclinati e da due travi orizzontali e di solito dipinto di rosso. Le strutture originali erano in legno, ma attualmente quelle che necessitano di ristrutturazione vengono sostituite con elementi in cemento. Uno dei *torii* più spettacolari è quello del tempio di Itsukushima, che si erge dalle acque del Mare Interno: il mare infatti in questo caso si fa *yama* e l'acqua è il vero santuario di cui è indicato l'accesso.

Una volta varcato il *torii*, l'uomo deve compiere il *misogi*, un rito di purificazione con l'acqua. Il tempio si erge solitamente dal basso verso l'alto, a gradinate: il cammino dell'uomo verso la divinità è cadenzato, quello della divinità verso l'uomo è invece incontrollato: lo spazio dietro al tempio non è delimitato, è selvatico e libero, anche in città, dove il tempio sarà seguito da un bosco sacro.

Le intercessioni presso gli dei vengono espresse attraverso gli **ema** (絵馬), tavolette votive in legno dipinto. La parola deriva da e (絵), che significa immagine, e ma (馬), che significa cavallo, poiché secondo un'antica convinzione questo animale era un intermediario tra gli uomini e gli dei. Non è raro trovarne alcune legate agli alberi: è credenza comune infatti che in questo modo vengano notate più facilmente dai diretti interessati.

Il culto degli spiriti

Il *satoyama*, zona a metà tra coltivato e selvatico, è anche dimora di figure soprannaturali ambivalenti, non del tutto spiriti né del tutto reali. Questa loro duplice natura li rende pertanto in continua metamorfosi e quindi orrifici, terrificanti o comunque stranianti, benevoli o malefici. Possono essere antropomorfi (come i *tengu*, o gli *oni*) o zoomorfi (come i *tanuki* o i *kitsu-*

ne)[1]. Insieme a loro vagano gli spiriti dei morti inquieti che non riescono a raggiungere l'*oku*. È comune che nei villaggi si appendano lanterne di carta o raffigurazioni legate al folclore locale per tenere lontani gli abitanti del *satoyama* dalle case. È anche pratica comune andare a ripulire le tombe senza nome o le case abbandonate per assicurarsene la benevolenza.

Il buddhismo

Buddhismo e shintoismo convivono in Giappone quasi in un parallelismo intrecciato molto difficile da capire per noi occidentali, espresso dal modo di dire molto diffuso in Oriente per il quale "due è uno e uno è due".

Bisogna ricordare che, nel diffondersi del buddhismo attraverso i secoli, questo entra in contatto e subisce l'influenza di altre e diverse filosofie, prima fra tutte quella tantrica induista, dalla quale assorbe la visualizzazione delle divinità in mantra, e in generale rielabora alcuni dei suoi concetti fondamentali contenuti ed espressi nel *Canone Pali* sulla base dell'ascetismo e di altre pratiche tipiche del credo indiano. Si sviluppano quindi diverse correnti che, tramite la migrazione di monaci e studiosi, si diffondono in tutto l'Oriente e si amalgamano con altre culture e altre visioni del mondo: su Cina, Corea

---

1 *Tengu* e *oni* sono figure mitologiche dell'iconografia nipponica considerate come *yōkai*, termine giapponese utilizzato per identificare i demoni. In questa categoria si inseriscono anche la *kitsune* (volpe) e il *tanuki* (cane procione).

e conseguentemente Giappone si assesta il buddhismo Mahayana, introdotto in quest'ultimo Paese a partire dal VI secolo, insieme a elementi artistici e a tecniche per la produzione di alcuni manufatti artigianali.

In Cina intorno all'800 d.C. il monaco buddhista indiano Bodhidharma individua nella meditazione il cuore degli insegnamenti del Buddha, fondando la corrente zen, che si concentra sulla pratica della meditazione e del respiro, una delle più affermate in Giappone. Nel contempo sorgono diverse scuole che interpretano e rielaborano il pensiero alla base del buddhismo Mahayana, creando il culto di nuove visualizzazioni e proiezioni di Buddha futuri, passati o semplicemente immaginati durante stadi di profonda meditazione.

I templi buddhisti costruiti in Giappone sono degli incredibili capolavori di architettura (basti pensare al Tempio di Hōryūjii a Nara) e ospitano magnifiche statue in bronzo o legno, superbi dipinti religiosi e opere d'arte di altro genere. Alcuni di questi oggetti provenivano dalla Cina, ma sempre più di frequente venivano prodotti direttamente in Giappone.

Il fascino di questo credo risiede non solo nei suoi insegnamenti, nei modi di raggiungere la trascendenza spirituale, l'illuminazione o la possibilità di salvezza, ma anche nelle raffigurazioni dette *buddha* e *bodhisattvas*, personificazioni della compassione stessa, incarnati e divenuti azione e quindi venerati come aiuto e supporto concreto nel percorso per il raggiungimento dell'illuminazione. Fu il richiamo di queste immagini con i loro presunti poteri magici – forse visti come più potenti dei *kami* della tradizione shintoista – a determinare il successo dell'introduzione del buddhismo in Giappone.

Prevale quindi il culto del Buddha Amida e del suo regno trascendentale, detto Terra Pura, cui si accede tramite la recitazione del mantra a egli dedicato, unica via per raggiungere l'illuminazione (che quindi non nasconde la visione indiana della pratica che ne sta alla base, il desiderio di andare oltre al corpo e ricongiungersi con qualcosa d'altro).

Nel IX secolo due scuole buddhiste imposero in modo particolarmente rilevante il loro pensiero: la scuola esoterica della "Parola della Verità" di Shingon, fondata da Kōbō Daishi (Kūkai), e la scuola sincretica di Tendai, fondata dal monaco Saichi, che contribuì significativamente alla diffusione del buddhismo zen. Entrambe le scuole accoglievano in sé la tradizione shintoista locale e ponevano l'accento su formule magiche, elaborate rappresentazioni pittoriche e cerimoniali straordinari, fondendosi in quel fantomatico "due è uno e uno è due" di cui abbiamo parlato all'inizio.

Nel 1175 si assistette a una svolta quando il monaco Hōnen lasciò la tradizione Tendai per abbracciare gli insegnamenti della Terra Pura. Iniziò a predicare una filosofia che richiamava al concetto popolare di salvezza attraverso la fede, unitamente alla recita di alcuni mantra, che prese il nome di Jōdoshū – *Jōdo* significa "terra pura" e *shū* "scuola" o "setta". I suoi discepoli insegnavano il suo messaggio attraverso tutti gli strati della società.

Tra questi, si può menzionare Shinran (1173-1262), che successivamente diede vita al buddhismo *shin* (che significa "vero") nella Jōdo-shin-shū, la "Scuola della Terra Pura", un movimento laico basato sull'insegnamento di "una sola fede", con molti aspetti comuni al cristianesimo.

Il buddhismo *shin* crebbe a tal punto da dominare tutte le altre forme di buddhismo in Giappone (compreso lo zen, una setta minore ma con un'influenza notevole presso l'alta società) ed è tuttora quello più seguito.

I nuovi movimenti religiosi

La religione giapponese mostra la stessa capacità di ridefinire o interpretare "grandi verità" come fanno altri credi nel resto del mondo. Dal 1800 in avanti sempre nuovi "guru" hanno richiamato seguaci e attratto seguiti sempre più numerosi. Questo non deve sorprendere: in una società come quella giapponese, dove la pluralità di religioni è praticamente sempre esistita e dove, soprattutto, la religione non è legata all'etica, e che quindi non prevede la perdita dei valori dell'individuo con la perdita della divinità di riferimento, è normale che si assista a un processo di secolarizzazione molto più rapido e uniforme di quello a cui assistiamo in Occidente.

Religione e cerimonie

Si dice che in Giappone si nasce shintoisti e si muore buddhisti. Questo perché eventi positivi come la nascita, l'infanzia e il matrimonio sono accompagnati da cerimonie shintoiste, mentre preghiere e rituali sono generalmente di tradizione buddhista.

Il matrimonio è in stile shintoista e viene celebrato da un sacerdote che veste abiti ispirati alla nobiltà Heian e compie riti purificatori atti a scacciare gli spiriti maligni e la malasorte.

Per sigillare l'unione, la coppia beve del *sake*. È tradizione che gli ospiti offrano agli sposi come regalo di nozze banconote fresche di stampa incartate in una bella confezione.

Le abitazioni tradizionali hanno un altare (*butsudan*) su cui è posta un'immagine del Buddha e tavolette commemorative dei familiari defunti.

Tra le feste religiose (*matsuri*), si celebra il giorno in cui i neonati vengono presentati al tempio per la prima volta (*hatsumiyamairi*) e il *shichigosan* (letteralmente 7-5-3), cioè il giorno in cui bambini di 5 e 7 anni e bambine di 3 e 7 anni vengono portati al tempio vestiti con il *kimono* tradizionale. I "nuovi inizi" sono particolarmente cari al mondo shintoista e spesso ci si raccomanda al *kami* perché benedica le attività agricole, la semina, l'apertura di una nuova azienda, un nuovo edificio o il principio di un nuovo anno scolastico.

Un esempio dei nuovi movimenti sorti recentemente è la Soka Gakkai ("Società dei valori"), un'associazione laica che negli anni ha acquisito in Giappone un altissimo livello di potere, che predica la forma di "buddhismo fondamentale" annunciata dal monaco Tendai Nichiren

Daishonin (1222-1282), secondo cui tutta l'umanità può raggiungere la pace eterna attraverso il rinnovamento, l'impegno, la dedizione spirituale, credendo ai poteri del *gohonzon* (l'oggetto di culto). Si tratta di un'iscrizione del mantra "Prendo rifugio nella meravigliosa pratica del Sutra del Loto" incisa su legno. A oggi è la forma di buddhismo più praticata in Europa. Altro movimento religioso è il Tenrikyō ("religione della divina sapienza") che ha sede a Tenri: esso crede in un Dio "che ha creato gli esseri umani per poterne condividere le gioie nel vederli vivere una vita gioiosa". Altre sette sono: Mahikari, Seicho-no-Ie e Risshō-Kōsei-kai.

Questa libertà di scelta religiosa e il fatto che, a differenza dell'Occidente, mondo laico e mondo religioso non vivono su due piani contrapposti, ma convivono in un'atmosfera neutra, favorisce da una parte il processo di secolarizzazione, dall'altra aiuta il diffondersi della "deprogrammazione" o conversione forzata, che ha successo soprattutto tra un pubblico giovane, bisognoso del supporto del gruppo, della condivisione e di trovare un'alternativa a una società altamente meritocratica, in cui anche chi raggiunge i massimi livelli spesso non regge la pressione che comporta ricoprire questo ruolo.

Queste sette, che hanno preso particolare sviluppo nel dopoguerra, predicano principalmente la redenzione, del popolo giapponese e dei membri, obbligando spesso i partecipanti a investire il loro tempo e il loro denaro in attività fintamente ricreative, predicando un ritorno a riti antichi (e spesso barbari) e spingendoli a compiere atti assurdi e disperati.

L'esempio più eclatante è la Aum Shinrikyo, la setta che ha organizzato l'attacco di gas Sarin nella metropolitana di Tōkyō nel 1993, provocando sette morti.

Istituti culturali in Italia

Oltre all'**Ambasciata del Giappone in Italia** (www.it.emb-japan.go.jp) e al **Consolato Generale del Giappone a Milano** (www.milano.it.emb-japan.go.jp), segnaliamo l'**Istituto Giapponese di Cultura in Roma** (www.jfroma.it) e l'**Ente del turismo giapponese** (www.jnto.go.jp).
Tra gli istituti privati di Milano: **Fondazione Italia Giappone.** Si occupa di promuovere gli scambi culturali e la reciproca conoscenza dei due Paesi con iniziative in campo culturale, scientifico ed economico, corsi di lingua e informazioni su bandi e progetti (www.italiagiappone.it); **Giappone in Italia.** Oltre a corsi di lingua, eventi e informazioni utili per andare in Giappone, il sito offre una ricca sezione con articoli sugli *haiku*, sulla cucina, sui viaggi e la rubrica *Penne del Sol Levante*, dedicata agli autori locali e ai loro libri (www.giapponeinitalia.org); **Tozai.** Corsi di manga, corsi di cucina e origami, oltre a viaggi e servizi di consulenza legale e interpretariato (www.tozai.it); **Nipponica.** Con sede a Bologna, è attiva da dieci anni con eventi in tutta Italia, servizi di traduzione e interpretariato (www.nipponica.it); **Associazione Ochacaffè.** Situata a Legnaro (PD), organizza cineforum, concerti J-rock, laboratori di calligrafia e dimostrazioni di spada e arco. Ha un canale YouTube dedicato (www.cultura-giapponese.it).

3. Cultura

Aspetti della cultura tradizionale

Il Giappone è un Paese a noi lontano, che per anni si è chiuso in un profondo isolamento, costruendosi una base sociale, culturale e artistica che ancora oggi continua a riflettersi nel suo quotidiano. Terminato questo periodo, è cominciata una fase di costante crescita, volta a "mettersi alla pari" con l'industrializzazione e l'avanzamento tecnologico dell'Occidente, cosa che tra le sue conseguenze ha visto la partecipazione del Paese nel Secondo conflitto mondiale, con gli esiti disastrosi ormai a tutti noi noti. Il dopoguerra ha segnato quindi un forte desiderio di pace, di ritorno al proprio passato, ai propri valori autentici, tanto da lasciare il visitatore stupito.

Il patrimonio culturale su cui si fonda è estremamente solido e radicato. Sorprendente quanto il passato influenzi ancora notevolmente il presente, e quanto ancora lo stesso Paese sembri in primo luogo influenzato dal suo senso estetico: qui da sempre sembra dominare il "bello", in tutte le sue forme, e la ricerca della bellezza appare il filo conduttore di ogni azione e soprattutto di ogni opera d'arte giapponese.

La cultura tradizionale non si pone in contrapposizione a quella contemporanea, ma anzi, la tendenza oscilla tra l'affermazione rigorosa di una propria identità con il sincretismo di elementi altri che la portano inevitabilmente a ridefinirsi, permettendo una perfetta convivenza tra attività culturali antiche e prodotti della cultura pop contemporanea.

Così il concorso nazionale di scrittura tradizionale giapponese attrae ogni anno migliaia di partecipanti, come fa la parata dei Pokémon a Yokohama; un numero ancora maggiore di persone si trova a esprimere le proprie doti letterarie durante il festival dell'*haiku* e allo stesso tempo il semestrale Comic Market di Tōkyō raccoglie sempre più visitatori, arrivando recentemente fino a 600.000.

Resistono, e sono anzi protette da leggi speciali a tutela degli artigiani, particolari attività quali la produzione di bambole, ceramiche, spade o la colorazione di stoffe, che avvenivano un tempo a livello familiare ed erano tramandate da una generazione all'altra. Lo stesso accadeva nel teatro, dove forme popolari come il *Kabuki*, le maschere stilizzate del più elevato *Nō* o le marionette del *Bunraku* sono diventate a tal punto un riferimento importante per i giapponesi da convincere il governo nel 1950 ad approvare una legge per le politiche di protezione del patrimonio culturale, che, tra le altre cose, attribuisce agli artigiani esperti in vari tipi di discipline il titolo di "tesoro nazionale vivente".

Antiche tradizioni giapponesi

La cerimonia del tè 茶道

Si pensa che l'importanza del tè nella cultura giapponese sia legata a una leggenda che vede coinvolto Bodhidharma, padre del buddhismo zen, che si sarebbe tagliato le palpebre come reazione all'essersi addormentato durante una meditazione. Dalle palpebre cadute a terra sarebbero sorte piante di tè, col significato che la bevanda permette all'uomo di mantenere lo stato di veglia e l'autocoscienza, senza perdersi nell'automatismo del suo operato.

Importato in Giappone dalla Cina nell'VIII secolo, il tipico tè verde *matcha* fu introdotto nel Paese solo nel XII secolo. La cerimonia è una profonda esperienza estetica, un'arte nel vero senso del termine, diffusasi a partire dai monasteri buddhisti, dove veniva impiegato come sostanza che tenesse svegli i monaci durante le lunghe ore di meditazione e li aiutasse nella ricerca interiore. Lentamente, la pratica divenne consueta anche tra l'aristocrazia, i samurai e la classe mercantile.

Le regole collegate alla cerimonia del *matcha* subirono una graduale evoluzione, ma fu solo alla fine del 1500, a opera del grande monaco zen e maestro del tè **Rikyū**, che vennero stabiliti i quattro principi cardine di armonia (和) rispetto (敬) purezza (清) e tranquillità (寂). Questi vanno rispettati non solo dall'ospite nei confronti degli invitati e viceversa, ma anche nei confronti degli oggetti che servono per il rito. Secondo la tradizione zen, infatti, bevendo il tè l'anima viene purificata e diventa tutt'uno con la natura, avvicinandosi alla realtà ultima.

La cerimonia è un'esperienza atemporale: viene richiesto a tutti i partecipanti di non indossare orologi o avere con sé altri strumenti per misurare il tempo. Si svolge in una speciale stanza del tè (*chashitsu*) a cui si accede da una porta bassa, che costringe a piegare il capo in segno di umiltà.

L'arredamento al suo interno è essenziale, privo di mobili o ornamenti, rappresentazione di quel vuoto a cui aspira la meditazione zen.

Dopo l'iniziale *kaiseki*, un pasto leggero generalmente con cibi dolci, per contrastare il sapore amaro del tè *matcha*, la cerimonia si può articolare in un *koicha* (tè denso) o in un *usucha* (tè leggero) in relazione all'occasione e a chi partecipa.

Tutti i movimenti sono fissi e lentissimi: il corpo è diretta espressione della coscienza e, controllando ogni suo gesto, ogni suo movimento, l'uomo si assicura che ogni azione che compie esprima se stesso. Il fine non è quindi sorseggiare la bevanda, ma attraversare un percorso interiore che faccia percepire meglio la realtà in tutti i suoi aspetti.

L'*ikebana* 華道

L'ikebana (che letteralmente significa "portare il fiore alla vita") è la tecnica giapponese della composizione floreale e affonda le sue radice nelle offerte buddhiste dei fiori, introdotte in Giappone dalla Cina nel VII secolo e tipicamente formate da tre elementi (*mistugusoku*): un bruciatore d'incenso, una candela e un vaso di fiori che dovevano rispettare parametri proporzionali ben precisi.

Dal XV secolo è riconosciuta come una vera e propria arte, con canoni e regole chiare, l'istituzione di scuole e l'avvicendarsi di stili.

Nell'*ikebana* ogni dettaglio è importante: la scelta dei fiori e del vaso, la posizione dei rami o degli steli, il vuoto tra un fiore e l'altro che aiuta a creare un equilibrio asimmetrico nel rispetto sia del complesso che del singolo fiore.

I *bonsai* 盆栽

I bonsai, le "piante in un vaso", sono originarie della Cina, dove la loro diffusione è collegata al taoismo, secondo il quale nelle cose minuscole si concentrano le forze possedute.

Una volta giunta in Giappone, la coltura di queste piante diventa un'arte: esprime il simbolo di una bellezza vissuta e sofferta, più vicina a quella senile che a quella della gioventù.

La diffusione è talmente ampia che molti maestri bonsai giapponesi hanno aperto scuole frequentatissime in ogni angolo del pianeta. La tecnica principale consiste nel regolare, tramite rinvasi e potature, la crescita di una piccola piantina, sia essa acquistata in vivaio o raccolta direttamente in natura (*yamadori*).

L'antica arte degli origami

Il nome deriva da *oru* (折る), "piegare", e *kami* (紙), "carta". *Kami* però è anche il termine che viene utilizzato per identificare gli dei del pantheon giapponese e ciò denota come quest'arte fosse strettamente legata alla religione dello shinto. Quest'arte di creare forme di carta senza l'utilizzo di colla o forbici è nota in Giappone fin dal periodo Heian.
Le due figure più famose sono la rana e la gru, simbolo di immortalità (si dice che piegandone in origami mille, si possa realizzare uno dei propri desideri). Ma, se fino al Novecento è stata considerata una forma di lavoro manuale, è con il Maestro Akira Yoshizawa che diventa un'arte vera e propria. Fondatore dell'International Origami Center di Tōkyō, a lui si deve la definizione del sistema di piegature e l'invenzione del *wet folding*, una tecnica che permette di ottenere l'effetto scolpito con forme arrotondate inumidendo la carta.

Gli haiku 俳句

La poesia *haiku* rappresenta una delle manifestazioni più caratteristiche della cultura giapponese. L'*haiku* è semplicissimo da decifrare, ma complesso nel significato, perché il suo fine ultimo è lasciare che chi lo legge lo arricchisca con la propria esperienza personale.

Italiani in Giappone: culture a confronto

Giappone Mon Amour. Blog di Laura Imai Messina, romana di nascita e giapponese di adozione, che vive tra Kamakura e Tōkyō con suo marito Ryosuke e la cagnolina Gigia. Con Piemme ha pubblicato fra le altre cose *Tōkyō orizzontale* (2014), *Non oso dire la gioia* (2018) e *Le vite nascoste dei colori* (2021).

Su-goi. Blog di Antonio Manna dedicato a tutti gli amanti del Giappone, che l'autore saluta all'inizio di ogni post con uno spiritoso "Konnichiwa a tutti!". Articoli su cultura, suggerimenti e informazioni utili per il viaggio, un ottimo corredo grafico e fotografico.

Vivi Giappone. Creato da Davide Bitti, ricercatore di stanza a Sendai, un canale su YouTube diventato ormai un punto di riferimento per tutti gli appassionati del Sol Levante.

Marco Togni.it e ItaliaJapan.net di Andrea Secco. Due blogger da seguire, con molti post e molte curiosità sulla loro vita in Giappone. In collaborazione con BlueBerry Travel organizzano GiappoTour, adatti a gruppi o singoli di tutte le età.

Vi si ritrova il gusto per le cose semplici e per la contemplazione, l'amore e il profondo rapporto con la natura che attraversa tutte le arti nipponiche. Scopo dell'*haiku* è, pur con la consapevolezza dell'inadeguatezza del linguaggio, quello di ritrovare ed esprimere una comunione con la natura.

La poesia *haiku* si compone di tre versi (cinque, sette e cinque sillabe) ed esistono due stili principali: nel primo due diversi argomenti vengono messi in contrapposizione o in armonia fra loro attraverso un'alternanza tra i versi. Nel secondo, il primo verso introduce un argomento che viene sviscerato dagli altri due. A differenza dell'arte occidentale, che trova la sua espressione nella descrizione, l'*haiku* non descrive mai, ma lascia spazio alla contemplazione, e quindi sfugge a ogni commento: non è eccentrico, non è familiare, non è né del tutto ignoto né del tutto noto a chi lo legge, è semplice, poetico, piacevole.

Pur essendo una forma di espressione che risale al XVII secolo, gli *haiku* sono tuttora ben presenti nella vita dei giapponesi: molti quotidiani pubblicano un'apposita sezione e una persona su dieci si diletta a comporli.

Ecco un esempio di *haiku*, composto da Matsuo Basho, considerato uno dei massimi maestri di quest'arte:

> *È primavera!*
> *sottili veli di nebbia*
> *celano anche la montagna senza nome.*
>
> Matsuo Basho, XVII secolo

Artigianato giapponese

Con il diffondersi della cerimonia del tè nel Paese nel XVI secolo, si sviluppa anche l'artigianato della **ceramica** e della **porcellana**, sulla base delle tecniche importate dalla Cina intorno al XIII secolo.

Sorgono in diverse città fornaci e laboratori, e intorno al Periodo Edo la ceramica giapponese si è già ben distaccata dalle origini e prende tratti distintivi propri, come la caratteristica irregolarità e asimmetria delle forme, che richiama al naturalismo presente nella maggior parte della produzione artistica giapponese.

Al Periodo Edo invece risale la tradizione delle **bambole *kokeshi***, realizzate interamente a mano in legno di acero giapponese, con un corpo cilindrico senza arti e una testa sferica dai lineamenti stilizzati, ognuna con decorazioni caratteristiche in base alla zona di provenienza dell'artigiano che le realizza. Vengono a tutt'oggi regalate come simbolo di buon auspicio e portafortuna.

Affascinante è anche la lavorazione della **carta *washi***, impossibile da riprodurre industrialmente, dal momento che le fibre vengono pestate e tirate e non macinate come nel procedimento classico. La carta viene quindi impiegata per il restauro, per la rilegatura di libri, per la scrittura e l'impacchettatura di doni, ma forse da noi è maggiormente nota per la produzione di **origami**, l'arte di piegarla per riprodurre forme di animali o oggetti come simboli di pace e fratellanza e come insegnamento per la trasformazione della materia. È cosa comune in Giappone regalarne uno a forma di gru, simbolo di purezza.

La calligrafia 書道

Così come in Cina, dove nacque, anche in Giappone la calligrafia è stata considerata nei secoli una delle arti più raffinate. La scrittura cinese fu adottata in Giappone nel V secolo, e, dopo un primo periodo durante il quale tutti i documenti scritti erano in lingua cinese, i caratteri (*kanji*) furono adattati al giapponese, anche se per molti secoli il cinese mantenne lo status di lingua dell'élite e della letteratura.

Numerosi sono gli stili adottati: il *tensho*, il più arcaico, veniva utilizzato per i sigilli ufficiali; il *reisho* per i documenti; il più comune è il *kaisho*, dove i caratteri sono più facilmente riconoscibili, e che è utilizzato nelle occasioni meno formali. Due i tipi di pennello: il *futofude*, più spesso, per le parti principali, e l'*hosofude* per i lavori di fino.

Il teatro giapponese

Alla nascita del teatro in Giappone sarebbe legata una leggenda che vede come protagonista la dea Amaterasu, la dea del sole, fuggita in una grotta perché offesa da un brutale sgarbo subito per mano del fratello Susanoo, lasciando il mondo in balia delle tenebre. Gli dei, per convincerla a uscire, chiedono alla divina Uzume di danzare all'ingresso della grotta, trascinando tutti gli altri numi in una festa orgiastica e solenne, così da solleticare l'attenzione di Amaterasu che, avvicinatasi alla soglia, viene catturata e portata fuori dall'antro, in cui non potrà mai più tornare.

Non solo la danza di Uzume, ma tutto il mito in sé, seguendo la struttura evento drammatico – scomparsa dell'eroe – ricomparsa dell'eroe grazie al potere della vita, delle passioni, simboleggia la nascita del teatro giapponese.

In tutte le forme di teatro presente in Giappone fondamentale è il vuoto tra una scena e l'altra, il silenzio, l'interruzione della musica. Questo perché lo spettacolo non è percepito come un divertimento dove lo spettatore passivamente guarda quello che avviene in scena, ma in cui attivamente colma questo vuoto con la sua coscienza interiore, con i suoi stati d'animo e la sua esperienza. È quindi paragonabile all'utilizzo delle nubi o della nebbia nella pittura, che lasciano a chi contempla il quadro il piacere o l'onere di riempirne l'indistinto con la propria fantasia o i propri ricordi.

Altra caratteristica distintiva è la maschera, o comunque il volto, che, come sottolinea Roland Barthes, non è dipinto, ma "scritto". Non rappresenta qualcosa, la racconta.

Il "volto" teatrale giapponese, mascherato nel *Nō*, disegnato nel *Kabuki* e artificiale nel *Bunraku*, è sempre composto di una parte bianca, non candida, non pura come se fosse l'imitazione di una carnagione particolarmente affascinante, ma densa, pesante, una pagina da scrivere. Su di essa sono impressi occhi e bocca, segnati di nero.

Così inespressivo, così impassibile e semplificato, il volto della maschera è anche un modo per rispondere alla morte, privandola del suo significato.

Sta alle grandi capacità dell'attore non imitare, non impersonare un dato carattere come accade nel nostro teatro occidentale, ma raccoglierne i segni, saperlo significare, fare propri allo stesso tempo tutti i diversi stati d'animo che esprime e saperli trasmettere allo spettatore.

Il teatro Nō 能

Si tratta di una disciplina, praticata dagli attori fin dalla tenera età.

Le rappresentazioni hanno tutte un forte valore simbolico, sono collegate a miti e leggende del passato e prevedono che il pubblico conosca già la vicenda narrata, che sarebbe altrimenti troppo complessa da seguire. Da questo punto di vista, si potrebbe vagamente paragonare alle tragedie e commedie dell'Antica Grecia.

Lo spettacolo, a differenza del *Kabuki*, non mira ad avere il consenso del grande pubblico, ma a instaurare un intimo rapporto con i suoi pochi spettatori, che devono venire coinvolti dall'evento in scena, rapportarlo a se stessi, diventarne testimoni attivi, ricevendone un arricchimento interiore.

La voce non è reale strumento di comunicazione, ma serve a potenziare impressioni ed emozioni date dalla musica, dalle immagini. Il recitativo è solo di accompagnamento, la cosa più importante è sempre l'impressione che la scena genera in chi la guarda.

Il tutto diventa molto vicino a una rappresentazione sacrale, codificata ed essenziale nella forma e nel colore, carica di influenze shintoiste.

Le maschere raffigurano tipi psicologici, di cui devono rappresentare tutti i diversi stati d'animo, che a loro volta devono apparire gradualmente, come se percepiti da un vero essere umano. Per fare ciò serve un'abilità incredibile, se si considera che la maschera non ha parti mobili e tratti solo stilizzati, e che l'attore le fa cambiare espressione giocando sulle rifrazioni di luce sulla sua superficie, seppur, indossandola, si ritrova a essere praticamente cieco.

Il teatro Kabuki 歌舞伎

Caratterizzato da costumi e scenografie sfarzose e ricche di decorazioni, è un teatro destinato al grande pubblico che inscena drammi profondi, accompagnati spesso da danze, canti e battaglie dinamiche. Non mancano colpi di scena dovuti a effetti ingegnosi, come il palco rotante o botole per far sparire o apparire gli attori all'occorrenza, nonché il "volo dell'attore", che grazie a un collegamento di corde plana sul palco.

Le sue origini, all'inizio del Seicento, prevedevano una forte componente comica e venivano impiegate per la scena prevalentemente attrici femminili, diffondendosi nei quartieri della seduzione come Yoshiwara.

Dalla sua nascita ha sempre avuto un grande successo di massa, come ci racconta Fosco Maraini nel suo *Ore giapponesi*, e a tutt'oggi esistono molti teatri in cui assistere a spettacoli di questo tipo, primo fra tutti il Kabukika di Tōkyō.

Il teatro Bunraku 文楽

È il teatro giapponese delle marionette, anche se ha poco da spartire con quello occidentale a cui siamo abituati.

Le bambole non sono infatti mosse da fili, ma sorrette da tre uomini, presenti sul palco: il maestro a volto scoperto, responsabile dei movimenti principali del fantoccio, e due uomini vestiti di nero al suo fianco. Viene quindi messo in scena il lavoro, il trucco che sta dietro al movimento dell'inanimato: è esso stesso azione scenica. Come nel *Nō*, anche qui la voce non serve a raccontare, a veicolare i sentimenti, ma serve solo come accompagnamento espressivo (i pianti, le lamentele, gli acuti). Il vero spettacolo si concentra sul gesto, che è doppio: quello del teatrante e quello della bambola, nel silenzio tra un gesto e l'altro, nell'immobilità della scena, volta a creare una ipersensibilità intellettuale che sappia trasmettersi a chi guarda.

Se quindi le nostre marionette si "animano" pur restando inanimate, e producono una beffarda e tragicomica interpretazione della vita, le marionette del *Bunraku* servono invece a rappresentare tutto ciò che l'uomo "animato" non può esprimere, ogni fragilità, ogni sontuosità, ogni astrazione sensibile, e a trasmetterla allo spettatore perché ne diventi cosciente e interiorizzi l'esperienza.

L'arte giapponese

L'*ukiyoe* 浮世絵

Ukiyoe è uno stile di stampa su blocco di legno inventato più di 300 anni fa. *Uki* (浮) significa "fluttuare", mentre *yo* (世) significa "mondo"; la *e* (絵) sta invece per "immagini": così, *ukiyoe* significa letteralmente "le immagini del mondo fluttuante". Se inizialmente il termine si riferiva ai beni terreni da cui il saggio doveva allontanarsi, nel Periodo Edo (1603-1867) prese invece a rappresentare proprio quei piaceri effimeri, "fluttuanti" che la società dell'epoca amava. In generale le tematiche trattate dagli artisti furono il teatro, la bellezza femminile, il rapporto con la natura, la tradizione, il paesaggio e la città. Si sviluppò così una fiorente industria artistica e ricreativa, denominata appunto "il Mondo Fluttuante", che ebbe larga diffusione alla corte dell'imperatore, dove ai *daimyō* e ai loro samurai era richiesto di soggiornare periodicamente, di cui poté però usufruire anche la gente del popolo (artigiani e commercianti).

A differenza di altri stili artistici giapponesi, gli *ukiyoe* non hanno ombre, ci sono impercettibili sfumature di colore e non si fa uso della prospettiva, tecnica introdotta soltanto nel 1739 da Okumura Masanobu.

Tra i più importanti esponenti di questa corrente artistica vanno segnalati **Utagawa Hiroshige**, paesaggista capace di far affluire sentimenti umani dalla contemplazione quasi religiosa della natura, e **Kitagawa Utamaro**, noto per i suoi studi di donne (*bijin-ga*), che furono entrambi di grande ispirazione per gli impressionisti francesi.

Katsushika Hokusai

Uno dei più eminenti rappresentanti di questo stile è **Katsushika Hokusai**, eclettico e geniale artista che sarà di ispirazione a molti dei grandi impressionisti e post-impressionisti europei, come Monet e Van Gogh.

A lui si deve una vera e propria rivoluzione nell'espressione del paesaggio naturale e della personalità umana, perseguita grazie alla sua continua integerrima ricerca della perfezione, che lo portava a mettere in dubbio le sue qualità di artista anche dopo sessant'anni di pratica.

Se inizialmente i suoi temi erano quelli classici della pittura del Mondo Fluttuante (attori di *Kabuki*, lottatori di *sumō* e donne bellissime dei quartieri di seduzione di Yoshiwara), dopo i settant'anni elaborò un suo personale stile, di cui la massima espressione sono le famose immagini *Trentasei vedute del Fuji* e i tre volumi *Cento vedute del Fuji*.

La sua produzione in generale è stata a dir poco vastissima; oltre che per la pittura, Hokusai divenne famoso per le sue opere in campo grafico: basti pensare alla rinomata *Grande onda* (1830) che è ormai diventata un simbolo dell'arte giapponese. E non sono in molti a sapere che è stato proprio lui il progenitore dei manga, che raccolse in un massiccio volume nel 1814. Si trattava di illustrazioni a stampa da lui create per offrire ai suoi allievi una guida ai soggetti più vari. I manga, ritrovandosi quindi a rappresentare una grande vastità di tipi umani e di argomenti, diventarono un genere a se stante, che offre uno scorcio sulla vita, sulle tradizioni e sulla società giapponese.

Utagawa Kuniyoshi
Uno dei pittori dello stile *ukiyoe* di maggior rilievo di fine Ottocento. Le sue opere, che si differenziano da quelle degli artisti a lui precedenti soprattutto per la resa, simile all'incisione su lastra di rame, hanno ispirato e continuano a ispirare illustratori, pittori, artisti e tatuatori di tutto il mondo.

Kuniyoshi amava dipingere utilizzando tematiche inconsuete per lo stile che faceva, come i fantasmi, o i gatti, per cui nutriva un fervido interesse. Sono rimasti famosi i giochi illusionistici che componeva in molte delle sue opere, inserendo figure nelle figure e dipingendo parodie di battaglie in chiave ironica e umoristica. Le sue immagini sono cariche di colore e di azione, i personaggi sono grandi e ben definiti fin nei minimi particolari. Particolarmente celebri sono le sue 108 silografie policrome in cui raffigura gli eroi del romanzo *Suikoden* (*I briganti*, Einaudi, 1956).

La nuova grafica di Tanaka Ikko

Tanaka Ikko (1930-2002) è stato uno dei più grandi progettisti grafici dell'era contemporanea. Nato a Nara e trasferitosi a Kyōtō per motivi di studio, due città capisaldi del mondo antico giapponese, rimase profondamente influenzato dalle antiche tradizioni del suo Paese, che ha saputo riproporre in chiave moderna e con uno stile innovativo e fortemente riconoscibile. Ha curato il design grafico dei simboli dell'Expo del 1985, di Expo Tōkyō '96 e ha curato mostre d'arte per il Victoria and Albert Museum di Londra. Fu insignito di numerosi premi sia in patria che all'estero, compreso quello del New York ADC e l'inclusione nella Hall of Fame di Tōkyō.

Le sue opere sono state esposte in molti importanti musei di arte moderna mondiali, incluso il PAC di Milano, il museo dell'archivio Bauhaus di Berlino e il Musée de la Publicité di Parigi. Suo tratto distintivo è l'uso della luce, accolta o respinta dal colore, a sua volta contenuto in forme dalla linea decisa e fluida. Celebri sono i suoi grandi volti umani, che realizza negli anni Ottanta, specialmente quello della danzatrice creato nel 1981 per il manifesto del Nihon buyō, rappresentazioni di danza giapponese all'Asian Performing Arts dell'U-CLA di Los Angeles. Il viso della donna, acconciata, agghindata e truccata secondo la tradizione, diventa un concetto astratto, geometrico, di grande impatto visivo.

Manga e anime 漫画／アニメ

Il termine *manga* (漫画) è stato quindi coniato da Hokusai per indicare la sua raccolta di immagini satiriche, chiamata appunto *man* (漫), "strano, buffo", e *ga* (画), "immagine, disegno". Il fumetto giapponese ha invece radici molto più antiche e risale al Periodo Heian, dove una serie di immagini dipinte su un rotolo e accompagnate da poche righe di calligrafia raccontavano una storia.

I manga come li conosciamo oggi sono una produzione artistica popolare abbastanza recente, che si è diffusa con successo dall'inizio del Novecento per influenza delle strip americane in tutto il mondo, contribuendo a far conoscere la cultura giapponese anche tra le giovani generazioni.

In Giappone hanno un ruolo culturale di primo piano, e sono considerati un mezzo artistico al pari del cinema e della letteratura. Non meno rilevante è l'aspetto economico: fumetti come *One Piece* o *Dragon Ball* hanno superato i 150 milioni di copie vendute. Tra i più importanti creatori di manga bisogna menzionare **Osamu Tezuka**, morto nel 1989, celebrato con l'appellativo di *manga no kamisama*, "dio del manga", cui si deve l'aggiunta allo stile di disegno di un forte dinamismo e un montaggio quasi cinematografico, che ha reso le storie raccontate appunto adatte a essere rappresentate sullo schermo, come molti di noi in Italia

Manga e generi

Ce ne sono tanti e tanti sono gli argomenti toccati da questo particolare e affascinante mondo a metà tra la letteratura e l'arte grafica. Ne abbiamo scelti alcuni, evitando quelli più famosi e ben noti anche a un pubblico di non appassionati.

Per gli amanti dei samurai consigliamo *Vagabond* di Takehiko Inoue, ispirato al romanzo *Musashi* di Eiji Yoshikawa, che narra le vicende del samurai Musashi Miyamoto. Pluripremiato e noto per l'ottima ricostruzione storica.

Dello stesso autore anche **Slam Dunk**, di genere *spokon*, ambientato cioè nel mondo dello sport, con protagonisti giovani atleti, che coniuga situazioni comiche a tematiche adolescenziali profonde come il bullismo.

Come poliziesco, consigliamo *Golgo 13* di Takao Saito, storia di un sicario dal colpo infallibile e delle sue missioni in giro per il mondo.

Death Note di Tsugumi Ōba è invece un thriller poliziesco con elementi fantasy e horror che ha per protagonista il giovane Light Yagami e il misterioso quaderno nero dai poteri oscuri che permette al suo possessore di uccidere una persona semplicemente scrivendone il nome.

Legato al folklore giapponese, **Ushio e Tora** di Kazuhiro Fujita ha per protagonista il giovane figlio di un monaco Ushio e lo *yōkai*, demone malvagio dalle sembianze animali, Tora. Tora, liberato da Ushio, dovrà suo malgrado aiutarlo e combattere al suo fianco per sconfiggere mostri e demoni.

le hanno conosciute per la prima volta dalla fine degli anni Ottanta.

Lo stile classico dei manga è caratterizzato da occhi grandi, nasi piccoli e teste tondeggianti; le proporzioni del corpo non sono molto realistiche e i muscoli sono poco accentuati. Esistono, inoltre, tantissimi stili diversi, dallo *shōjo* (rivolto a un pubblico femminile adolescenziale) allo *shōnen* (rivolto ai ragazzi trattando temi fantasy o sportivi). Di pari passo è venuto il successo dell'animazione giapponese (anime) a partire dalle serie degli anni Settanta, da *Goldrake* (che prendeva a prestito iconografia e mitologia del mondo dei samurai) in poi, fino a rappresentare oggigiorno il 60% della produzione mondiale.

Maestro indiscusso degli anime, più volte vincitore di Oscar per i suoi film d'animazione e insignito di numerosi altri premi, è **Hayao Miyazaki**, fondatore del mitico Studio Ghibli. Tra i suoi capolavori apprezzati in tutto il mondo, *Principessa Mononoke*, *Ponyo sulla scogliera*, *La città incantata* (vincitore del Premio Oscar nel 2003), *Il castello errante di Howl*. Miyazaki è stato insignito dell'Oscar alla carriera nel 2014 e del Leone d'Oro nel 2005.

Nel 2016 ha riscosso un incredibile successo *Your Name* di Makoto Shinkai, considerato l'erede di Miyazaki. Il film è uscito in 125 Paesi e ha incassato oltre 20 miliardi di yen nei primi mesi di programmazione: il secondo film giapponese di sempre per incassi.

Cosplay

Quando gli eroi di manga e anime "prendono vita", ecco il cosplay, termine formato dalle parole inglesi *costume* e *play* che indica, appunto, la pratica di travestirsi soprattutto da personaggi di fumetti e cartoni animati, ma anche di serie tv, film, videogiochi, giochi di ruolo e band musicali, riproducendone in modo fedele sia le caratteristiche fisiche e di abbigliamento, sia l'atteggiamento e il modo di fare.

Nato proprio in Giappone tra gli anni Settanta e Ottanta, questo fenomeno ha assunto una dimensione di massa negli ultimi vent'anni, scavalcando i confini nipponici e approdando anche in Europa.

Alcune associazioni di cosplay in Italia

Italian cosplay (www.italiancosplay.com): un'associazione culturale con sede a Pontedera (PI) che, grazie al suo fornito calendario eventi e a un interessante blog, si occupa di informare tutte le altre associazioni presenti sul territorio dei nuovi appuntamenti e delle fiere di settore.

Associazione Ukigumo (www.ukigumo.it): con sede a Vicenza, si occupa di cosplay, shiatsu, medicina tradizionale cinese, corsi di cucina giapponese, *ikebana* e molto altro. Un vero tuffo nell'Oriente.

Cospa Family (www.cosplaycompetition.com): associazione di Torino, si occupa di organizzare eventi e coordinare i gruppi di cosplay presenti sul territorio.

La differenza con le feste che prevedono travestimenti quali il Carnevale o Halloween, oltre che nei temi prettamente nipponici del cosplay, sta non solo nell'accuratezza e nella precisione con cui si riproduce e si interpreta il personaggio, ma anche nel fatto che i travestimenti non sono previsti solo in occasione di eventi dedicati ad anime o manga (che pur proliferano sia in Italia che all'estero): spesso gruppi di appassionati, soprattutto tra i più giovani, si ritrovano tra loro appositamente per fare cosplay, unendo a volte persone di città o Paesi diversi e stimolando i partecipanti ad affinare le proprie abilità di canto, danza e combattimento per risultare il più verosimili possibile.

I manga e la magia del guerriero giapponese
Il crescente interesse del Giappone verso le culture straniere, e soprattutto verso quella americana, ha portato a un destrutturamento e a una rielaborazione di elementi dell'identità nazionale, tra i quali il mondo dei samurai, fondato sul *bushidō*, la "via del guerriero". Se durante la guerra i valori della classe dei *bushi* erano stati brutalmente trasferiti all'esercito militare, il Giappone del dopoguerra è pervaso da un forte desiderio di pace e di esorcizzare il terribile esito del conflitto mondiale: deve salvare se stesso e l'umanità intera dagli orrori di cui è stato recentemente vittima.

Arriva quindi una straordinaria generazione di nuove figure eroiche, attraverso i manga e poi gli anime, che si avvale dei codici d'onore, dell'integrità, dei valori e del senso di sacrificio dei grandi guerrieri del passato, mischiando il tutto con elementi di fantascienza che fino ad allora sembravano di uso esclusivo della cultura anglosassone.

L'anno di inizio si può identificare nel 1972, con l'arrivo di *Mazinger Z*, un super robot, un automa samurai pilotabile, enorme, invincibile e armato fino ai denti, primo elemento di una trilogia che si chiuderà con *UFO Robot Grendizer* (1975), la cui saga arriva anche sui nostri schermi, influenzando l'immaginario dei giovani telespettatori di allora.

Se in questa prima fase la connessione con i mitici guerrieri si limita ai principi e ai valori su cui si basano i personaggi, ben presto i robot guerrieri cominciano a prendere anche le fattezze degli antichi combattenti: vestono lo *yoroi*, l'armatura tipica, e portano il *kabuto* (il copricapo tradizionale sormontato dallo stemma del clan), usano armi come la *katana* e parte della loro forza deriva dall'energia interiore, da raccogliere tramite il grido di combattimento.

Una vera e propria reincarnazione che assume diverse forme e sfumature: sono samurai cyborg, combattenti ipertrofici, affascinanti ragazze come la *Bella guerriera Sailor Moon* (1992) o curiosi ragazzini a bordo di una nuvola come *Dragon Ball* (1986).

La macchina e il pilota, il combattente e i suoi compagni, il padre e il figlio... qualunque implicazione abbia la trama, vediamo i protagonisti vivere in uno stato perfetto di simbiosi: al soffrire della macchina a causa di un colpo lo stesso pilota soffre, al gioire per una vittoria tutti i personaggi coinvolti gioiscono insieme, che siano in carne e ossa, metafisici o metallici. Si instaura tra loro una forma di amore, di legame fortissimo e indissolubile, che li porta a essere pronti a sacrificarsi l'uno per l'altro se necessario. Le storie sono infatti cariche di drammaticità, espressa in modo chiaro e diretto, intervallata da piccole pause umoristiche secondo la tradizione del teatro *Nō*.

Gli eroi combattono per la difesa della Terra e dell'umanità contro un nemico altro, alieno, dalle mille facce e dai mille aspetti, sia demoniaci che umani, in una continua lotta tra bene e male in cui le forze sono pari fino all'inaspettata svolta finale.

La determinazione, la sete di giustizia e l'integrità sono la forza che permette loro di compiere azioni sovrumane e distruggere il male, oltrepassando anche i limiti spazio-temporali e creando affascinanti figure a metà tra il divino e l'umano, come *Saint Seya* (*I Cavalieri dello Zodiaco*, 1986, di Masami Kurumada), epopea di ispirazione mitologica greco-romana con l'influenza di elementi induisti e buddhisti. Al contempo l'Occidente viene a sua volta coinvolto nell'evoluzione della cultura nipponica: personaggi come il *The Terminator* di James Cameron, lo stesso Wolverine della Marvel e tutta la saga di *Star Wars* hanno elementi in cui facilmente riconoscere gli antichi guerrieri giapponesi.

Il Maestro Takeshi Kitano

Cresciuto a Senju, uno dei quartieri più poveri di Tōkyō, diventa famoso come comico nella televisione giapponese. Noto anche in Italia il programma comico di sua invenzione *Takeshi's Castle*.

Curioso il suo esordio da regista: scritturato come protagonista per il film **Violent Cop** di Kinji Fukasoku, sostituisce quest'ultimo alla regia quando Fukasoku l'abbandona, pur non avendo nessuna esperienza. Il film, per quanto abbia un consistente potenziale, passa inosservato.

La fama internazionale arriva invece nel 1993 con **Sonatine**, presentato a Cannes e vincitore del XXIII Festival Internazionale del Cinema di Taormina, in cui esplodono le tematiche che saranno per sempre care al regista e che confermeranno il suo successo nel 1997 con **Hana-Bi – Fiori di fuoco**, vincitore del Leone d'Oro a Venezia.

In seguito trionfa anche come attore nel film in costume **Zatoichi** (vincitore del Leone d'Argento), ma la conquista è seguita da un periodo buio dal punto di vista artistico.

Ritorna alla ribalta nel 2010 con **Outrage**, primo film di una trilogia – **Outrage Beyond** e **Outrage Coda** – di cui l'ultimo episodio è stato presentato a Venezia nel 2017.

Il cinema

L'industria cinematografica giapponese è stata estremamente prolifica sin dagli anni Venti del XX secolo, arrivando a produrre oltre 500 film all'anno negli anni

Cinquanta. Tra i maggiori esponenti, sicuramente **Kurosawa Akira** ha un posto d'onore per lo sviluppo e la diffusione del cinema nipponico. Discendente di samurai, dedica un filone della sua produzione alla figura di questo guerriero epico, come *Rashomon* (1950), insignito del Leone d'Oro alla Mostra del Cinema di Venezia e dell'Oscar per il miglior film straniero, e *I sette samurai* (1954), che ispirò poi Clint Eastwood per alcuni dei suoi ben noti spaghetti western. Il regista, vero mostro sacro della cinematografia giapponese e internazionale, realizza anche adattamenti delle opere di Shakespeare, come *Il trono di sangue* (1957), dal *Macbeth*, *Ran* (1985), adattamento di *Re Lear* e *La fortezza nascosta*, che pare abbia ispirato George Lucas per la trilogia di *Star Wars*. Kurosawa torna inoltre a vincere l'Oscar nel 1975 con *Dersu Uzala – Il piccolo uomo delle grandi pianure*.

In quegli anni suscita grande scandalo per le scene di sesso estremo, ma riscuote nel contempo un successo internazionale, *Ai no korida – L'impero dei sensi* di Nagisa Oshima, celebrato esponente della nouvelle vague. Negli anni Ottanta sono ancora i vecchi maestri a imporsi all'attenzione mondiale, Kurosawa con *Kagemusha – L'ombra del guerriero*, Oshima con *Furyo* e Imamura con *La ballata di Narayama*, vincitore a Cannes.

Gli anni successivi vedono l'affermazione di Takeshi Kitano, vincitore a Venezia nel 1997 con *Hana-bi – Fiori di fuoco*, e di Takashi Milke, autore, tra gli altri, di *Full Metal Yakuza*.

Ha vinto l'Oscar nel 2009 anche Yōjirō Takita con *Departures*.

Yasujirō Ozu, il regista sconosciuto
I critici giapponesi lo consideravano il migliore regista locale di tutti i tempi, ma proprio perché così fortemente "giapponese" non credevano che la sua filmografia potesse essere compresa oltre i confini del Paese.

Solo intorno ai primi anni Sessanta, a poca distanza dalla sua morte avvenuta nel 1963, si cominciò ad avere una piccola distribuzione su scala europea delle sue ultime opere, che riscossero fin da subito un esorbitante successo.

Con alcuni dei suoi titoli più celebri – primo fra tutti *Viaggio a Tōkyō* (1953), ma anche *Il gusto del sake* (1962), *Tardo autunno* (1960) e il precedente *Tarda primavera* (1949) – ci ha regalato l'immagine della vita quotidiana del Giappone di quegli anni, con la caratteristica macchina ferma e l'inquadratura bassa, come se fosse la visuale di un cane. Un quadro neorealistico della cultura giapponese della sua epoca, così esotica e lontana per il resto del mondo e così affascinante, così contemporaneamente vicina a noi nelle tematiche che accomunano tutti gli uomini (il bisogno degli altri e dell'amore, la sostanziale solitudine della vita, i cambiamenti inesorabili del tempo) intrise di filosofia zen.

Un regista assolutamente da scoprire per assaporare la delicatezza e la forza della sua cultura.

Letteratura: dal *Genji monogatari* ai giorni nostri

Scrivere alla corte dell'imperatore

Murasaki Shikibu, una cortigiana che nel X secolo decide di narrare (l'uso del cinese era precluso alle donne) gli intrighi, la vita e le vicende della corte in cui vive, trasmettendoci le sensazioni e le emozioni che prova lei stessa. Questo è, in modo assolutamente riduttivo, il *Genji monogatari*, la *Storia di Genji*, il contenuto di una delle pietre miliari della letteratura nipponica, considerato uno dei primi romanzi psicologici mondiali.

Amori e gelosie, passioni, desideri e noia, tutto viene sussurrato dalla voce ammiccante della scrittrice, che allude ai fatti senza mai spingersi troppo oltre, donandoci un profilo psicologico dei personaggi descritti delicatamente intessuto alla perfezione. Sentimenti che, nonostante la distanza temporale che ci separa dal momento della stesura del libro, sono ancora oggi profondamente attuali e condivisibili da tutta l'umanità.

Alla fine del X secolo, un'altra donna lascia una traccia indelebile nella letteratura giapponese: **Sei Shonagon**, dama di corte dell'imperatore Sadako e sagace scrittrice di *Le note del guanciale*, dove la vita di corte descritta e catalogata in maniera minuziosa è costellata di amori passionali, personaggi curiosi e intriganti, riflessioni sulla natura e sul mondo circostante, permettendo al lettore di immergersi e apprezzare totalmente l'atmosfera di un'altra epoca, di coglierne a pieno grazia e bellezza.

Yukio Mishima

Pseudonimo di Kimitake Hiraoka, nasce a Tōkyō nel 1925. È stato uno dei più grandi e controversi scrittori del Giappone, complici la sua mai apertamente dichiarata omosessualità e il suo drammatico suicidio rituale del 1970. Acceso nazionalista e patriottico, vessato nell'infanzia da una nonna iperprotettiva che gli trasmise però i valori dell'etica samuraica, influenzato da un'educazione spartana e paramilitare, racconta molto di sé e della sua gioventù nel romanzo di stampo autobiografico *Confessioni di una maschera* (Feltrinelli, 2006), diventando noto già a 24 anni per il suo stile a monologo che fa apparire l'opera proprio come una lunga, intima confessione. Ma è nel 1950, con *Sete d'amore, L'età verde* e *Colori proibiti* (1951) che raggiunge il consenso del grande pubblico, affrontando temi forti e a lui per sempre cari come l'omosessualità, la misoginia e l'onnipresente rapporto con la morte.

Dedicatosi alle arti marziali dal 1955, diventa un esperto di *kendō* e le sue foto da *kendōka* e culturista diventano presto popolari, fino alla fondazione del Tate no Kai (la Società degli Scudi), un'organizzazione da lui addestrata che diventa molto simile a un suo esercito privato.

Proprio con alcuni di questi fedeli, si presenta il 25 novembre 1970 al quartier generale dell'armata orientale. Immobilizzato il comandante Mashita, Mishima dal balcone tenta di convincere i soldati a ribellarsi alla costituzione imposta dagli Stati Uniti nel Paese. Una volta rientrato, davanti al suo prigioniero si uccide come un samurai che abbia perduto ogni via di scampo, infliggendosi un *seppuku*, trapassandosi l'addome con un coltello.

Giappone e premi Nobel

In tempi moderni la letteratura giapponese è stata in grado di conquistare lettori in tutto il mondo. Vanta tre premi Nobel: **Kawabata Yasunari** (1968), **Ōe Kenzaburo** (1994) e **Kazuo Ishiguro**, che ha ricevuto il Nobel nel 2017. Il primo, entrato nella storia della letteratura per i suoi indimenticabili personaggi femminili, come la protagonista de *La danzatrice di Izu*, il libro che nel 1926 rivelò il suo incredibile talento per la letteratura, fu intimo amico di Mishima e uno dei primi a riconoscerne le abilità letterarie. La potenza delle sue rappresentazioni femminili, fragili e delicate o forti e volitive, incastonate in un ambiente dai contorni mitici, quasi fiabeschi, e una scrittura intrisa dall'eleganza del classicismo di cui è fortemente influenzata tutta la sua poetica rendono le sue opere, come *Il paese delle nevi* (1936), lo struggente *Bellezza e tristezza* (1963) o l'erotico *La casa delle belle addormentate* (1960-1), dei capolavori di rara bellezza.

Fa da sempre molto discutere e parlare di sé Ōe Kenzaburo, che affronta tematiche collegate alle situazioni politiche ed economiche del Giappone moderno, spesso con sguardo critico e volto alla denuncia delle falle nel sistema. Profondamente intimo e autobiografico è il suo

Una questione personale (1964), in cui racconta la storia di un padre con un figlio affetto da una grave lesione cerebrale, che si rivela essere anche un duro atto d'accusa contro i pregiudizi nei confronti dell'handicap.

Insignito in patria di diversi riconoscimenti, a partire dal suo primo racconto *Animale d'allevamento* (1958), la sua scrittura ha una matrice fortemente sperimentale e intrisa di influenze e ispirazioni prese dalla letteratura occidentale, come dimostra il titolo della sua opera *Insegnaci a superare la nostra follia* (1969), citazione di un verso di W.H. Auden.

Nel 2008 ha pubblicato *Note su Hiroshima*, dopo aver visitato la città vittima del famoso bombardamento del 1945 e aver parlato con i sopravvissuti, impegnandosi per la causa di supportare "gli irradiati" e di far sì che si continui a riflettere sulle implicazioni morali e politiche dell'impiego delle armi nucleari.

Kazuo Ishiguro è cresciuto in Inghilterra da genitori giapponesi e proprio questa sua peculiarità gli permette di avere per sua stessa ammissione una "prospettiva differente" rispetto alla comune linea di pensiero.

Premiato per aver saputo svelare "l'abisso nell'apparente connessione del mondo", alcuni dei suoi libri più famosi sono stati scelti da registi di alto livello come base per riadattamenti cinematografici. *Quel che resta del giorno* (1989) ha ispirato l'omonimo film di James Ivory, mentre *Non lasciarmi* (2005) ha ispirato Mark Romanek per l'omonima pellicola uscita nel 2010.

La peculiarità più interessante della sua scrittura risiede in una calma, un'armonia "classica" che nasconde nella sua faccia oscura una profondità sconcertante e sconvolgente.

Nel 2015 è uscito *Il gigante sepolto*, che tratta l'attualissimo tema dei difficili rapporti tra popoli. A quattro anni del Nobel, Kazuo Ishiguro è tornato poi alla ribalta con *Klara e il Sole* (Einaudi, 2021), un romanzo volto a trattare un tema così delicato come quello dell'intelligenza artificiale che assume le sembianze umane.

Banana Yoshimoto e Haruki Murakami

Entrambi apprezzatissimi in Italia e con diversi titoli pubblicati e tradotti nel nostro Paese. La prima, figlia di uno dei più importanti filosofi e critici giapponesi degli anni Sessanta e sorella di una nota disegnatrice di anime, ha avuto immediatamente un successo planetario nel 1987 con il suo esordio letterario *Kitchen*. Tra i suoi romanzi, editi in Italia da Feltrinelli, ricordiamo *N.P.*, *Sonno profondo*, *Presagio triste*, *L'abito di piume* e *Another World*. *Su un letto di fiori* (2021) è il titolo dell'ultimo romanzo pubblicato dalla scrittrice.

Intorno a Murakami, invece, si è sviluppato un vero e proprio culto, tanto che sulla sua stessa identità si sono diffuse le più svariate leggende, come ricordato, non senza un pizzico di ironia, ne *I segreti di Murakami* (Vallardi, 2013). Le sue storie fantastiche, le sue trame surreali che spesso aprono sviluppi su mondi paralleli, ma anche la sua passione per il jazz, la musica e la cultura americana (ha tradotto in giapponese Salinger, Capote, Fitzgerald) lo hanno reso uno degli autori più amati degli ultimi anni, e più volte il suo nome è circolato nella schiera dei candidati al Nobel.

Solo in Italia ha venduto complessivamente oltre un milione di copie. Tra i suoi best seller, pubblicati nel nostro Paese da Einaudi, *Dance Dance Dance*, *La ragazza dello Sputnik*, *Norwegian Wood*, *Kafka sulla spiaggia*, *After Dark*, *1Q84*, *Sonno*, *L'assassinio del commendatore* e il recente *Prima persona singolare*.

La musica

Musica tradizionale giapponese
L'*hōgaku*, termine che si può tradurre con "musica nazionale", raggruppa diversi generi insieme. In Giappone si sviluppa a partire all'incirca dal Periodo Edo, con preponderanza della **musica vocale**, divisa in *katarimono*, "brani declamati", e *utarimono*, "brani cantati".

Se negli *utarimono* la melodia ha comunque una prevalenza sul testo, dando il ritmo all'intera esecuzione, mentre i concetti cantati sono generalmente ermetici e di difficile comprensione, nei *katarimono* si riscontra la tendenza diametralmente opposta: il testo domina sulla melodia, la sua dizione ne segna il ritmo, e i concetti sono espressi in forma chiara e diretta.

La musica è collegata alla tradizione del teatro giapponese in tutte e tre le sue forme (come lo *jorūri*, la musica tipica del *Bunraku*), in quanto elemento fondamentale per la performance e lo svolgimento dell'opera.

Tra i generi musicali tradizionali, evidenziamo:

- il *gagaku*, legato alle cerimonie della corte imperiale e ad alcuni riti religiosi buddhisti, che può essere puramente strumentale o vocale, oppure venire usato come accompagnamento per la danza (*bugaku*);
- il *sōkyuku*, musica da camera sia strumentale che vocale, spesso eseguita con l'utilizzo dello *shamisen*, uno strumento a tre corde dalla forma vagamente simile a quella di un mandolino;
- lo *shōmyō*, un canto corale di *sutra* buddhisti senza alcun accompagnamento musicale.

L'isola di **Okinawa** presenta una tradizione musicale leggermente differente da quella del resto del Paese. Qui sono infatti molto popolari canti religiosi (*umui*) e canti di accompagnamento alla danza, dove la melodia è spesso eseguita con l'utilizzo di un *sanshin*, un liuto dalla cassa armonica rivestita in pelle di serpente.

Intorno al Periodo Meiji si sviluppa anche un genere di musica popolare melodrammatica, definito *enka*, inizialmente volto a esprimere il dissenso politico per poi sconfinare in temi quali l'amore, le difficoltà della vita, il suicidio e la morte. La sua esponente più celebre è ancora a tutt'oggi la "regina di Shōwa" **Hibari Misora** (1937-1989).

L'orchestra vuota: il karaoke カラオケ

Dall'unione dei due termini *kara* (空), "vuota", e *okesutora* (オーケストラ), "orchestra", nasce il fenomeno del karaoke, ovvero cantare su una base musicale il testo del brano che scorre in sovrimpressione.

Diffusosi in Giappone all'inizio degli anni Ottanta e poi ben oltre i suoi confini, rientra ancora oggi tra le forme di divertimento più in voga nel Paese.

Numerosi sono i bar e i locali notturni, specialmente nelle grandi città, che ospitano l'attrezzatura per cantare, generalmente in diversi compartimenti, così da permettere a più gruppi di esibirsi insieme. Non è raro trovare anche brani in inglese.

Influenze occidentali: la J-music

Inizialmente influenzata dalle correnti occidentali, prevalentemente derivanti dall'America, la scena musicale giapponese seguì l'ondata di sonorità rock, pop, punk, reggae e metal che si svilupparono all'incirca dagli anni Sessanta in poi. Solo verso la fine degli Ottanta le melodie e i testi cominciano a distanziarsi da quelli importati dall'estero, e cominciano a prendere una propria identità concreta: arriva la J-music, con i suoi sottogeneri (J-rock, J-blues, J-punk e così via).

Quello che sicuramente riscuote più successo è il J-pop, specialmente quando, a inizio anni Novanta, comincia a fondersi con l'elettronica. Tra le autrici contemporanee più note, **Ayumi Hamasaki**, **Kyary Pamyu Pamyu** e **Seiko Matsuda**. Sono molto diffuse anche le boy/girl band, come il gruppo di idol femminili **AKB48**.

Gli appassionati di *Kill Bill* ricorderanno poi il trio che suona nella Casa delle Foglie Blu prima dello scontro tra Black Mamba e gli 88 folli: sono le **5.6.7.8's**, gruppo rock femminile di Tōkyō che realizza prevalentemente cover di band americane, riadattandole però in giapponese. La band ha poi partecipato anche alla colonna sonora di *Fast and Furious: Tōkyō Drift*.

Musica per videogiochi e anime
Come da noi può avvenire per le colonne sonore di un film, in Giappone non è raro che alcuni artisti e compositori raggiungano la fama creando colonne sonore per anime e videogiochi.

È il caso di **Kōji Kondō**, il compositore principale delle musiche dei prodotti Nintendo, o **Nobuo Uematsu**, che ha lavorato alla realizzazione della colonna sonora di *Final Fantasy*, anche se quella di *Final Fantasy Legend* porta la firma di **Chihiro Fujioka**, che ne è stato anche direttore. **Takeshi Abo** è invece la mente dietro alle melodie di molte tra le uscite dell'azienda 5pb, mentre **Saori Kobayashi** lavora per la Wave Master.

C'è poi chi la fama se la guadagna interpretando le sigle composte, come **Utada Hikaru**, diventata la voce di molti tra i videogiochi più noti e anche di alcuni anime e film giapponesi.

Yōko Ono

Figlia di una pianista e di un banchiere, è sicuramente una delle giapponesi più famose a livello mondiale, grazie al suo matrimonio con il leader dei The Beatles, John Lennon, il 20 marzo 1969.

All'inizio della sua carriera, Yōko Ono si occupa di arte visuale: è proprio a una sua esposizione a Londra che conosce John Lennon, cominciando quindi a entrare in relazione con il gruppo inglese. Dal 1968 si fa strada nel mondo della musica, a cui si era già avvicinata in precedenza, collaborando con il marito ad alcuni album di genere sperimentale, sotto il nome di Plastic Ono Band. Dal 1971 comincia a produrre album da solista, come il doppio *Fly*, di ispirazione punk rock. Con Lennon realizza *Double Fantasy*, di matrice molto più pop, che risulta essere l'ultimo album registrato in vita dal famoso cantante.

Dopo la sua morte, Yōko pubblica il controverso album *Season of Glass*, che vede in copertina gli occhiali rotti e insanguinati di Lennon accanto a un bicchiere d'acqua: a chi sostiene che la sua sia una strumentalizzazione della tragedia, risponde che il suo intento è invece ricordare a tutti che John è stato assassinato, non è semplicemente morto. A questo segue *Starpeace*, in polemica con il sistema antimissilistico di Ronald Reagan, e poi negli anni Novanta *Onobox* e il suo primo musical *New York Rock*. L'ultima sua produzione, *Warzone*, è del 2018.

Gli sport

A partire soprattutto dal dopoguerra hanno iniziato a diffondersi vari sport moderni. Il baseball, introdotto per la prima volta nel 1936, è diventato lo sport nazionale. Viene praticato in tutto il Paese in due serie distinte, la Central League e la Pacific League, ciascuna composta da sei squadre.

I due eventi culmine della stagione sportiva sono i tornei nazionali tra le scuole superiori che si tengono in primavera e in autunno nello Hanshin Kōshien Stadium a Kyūshū. Durante il decennio che ha preceduto la Coppa del mondo del 2002 ha iniziato a diffondersi anche il calcio, e nel 1992 è stata creata la J-League, composta da ben 16 squadre. Inoltre, la nazionale di calcio giapponese ha raggiunto buoni risultati anche a livello internazionale, partecipando a tutti i Mondiali dal 2002 e vincendo quattro delle ultime otto edizioni di Coppa d'Asia, compresa quella del gennaio 2011 con un allenatore italiano, Alberto Zaccheroni. Un altro sport molto seguito, particolarmente tra le donne, è la pallavolo, motivo di grande prestigio per i partecipanti.

Il Giappone ospita inoltre un gran numero di eventi a livello internazionale, come le maratone di Tōkyō e di Ōsaka, e ha ospitato le Universiadi per diversi anni. Infine, assai diffuso è anche il golf, il passatempo prediletto dal mondo degli affari.

Nel 2021, a Tōkyō, si sono tenuti i Giochi della XXXII Olimpiade, posticipati dal 2020, a causa della pandemia COVID-19. È stata anche l'olimpiade del gender balance, con una partecipazione femminile del 48,8%.

L'edizione ha visto anche la prima storica introduzione del karate: arte nata proprio in questa terra magica.

Sumō 相撲

È tradizionalmente lo sport nazionale del Giappone e consiste in una lotta corpo a corpo (la parola *sumō* significa "strattonarsi vicendevolmente") tra due lottatori il cui scopo è atterrare o spingere l'avversario fuori dalla zona di combattimento, detta *dohyō*.

Il *sumō* è famoso sia per la mole che per il caratteristico abbigliamento dei suoi lottatori, che indossano un particolare perizoma detto *mawashi* e portano i capelli raccolti in una crocchia detta *oi-cho mage*.

Esistono in realtà due tipi di *sumō*: uno, detto "tradizionale", è considerato una vera e propria forma d'arte rituale, con regole dettate dalla storia, dalla cultura e dalla religione; l'altro, quello "sportivo", è una forma di lotta le cui regole di combattimento somigliano molto a quelle del *sumō* "originale": totale assenza di rituali, possibilità di partecipare alle competizioni anche per le donne e una giuria formata da un arbitro solo.

Negli scorsi anni diversi lottatori di *sumō* hanno truccato le partite per scommettere clandestinamente, cosa che ha contribuito al declino della disciplina in tempi recenti. La partecipazione al torneo Wanpaku – il più importante torneo di *sumō* per bambini – è passata dai 70.000 partecipanti nel 1994 ai 33.000 del 2014.

Il nuovo *yokozuna* del Giappone

Il 25 gennaio 2017, dopo ben 19 anni, un giapponese è stato nominato *yokozuna* (il più alto titolo per un lottatore di *sumō*) dal Nihon Sumō Kyōkai, l'associazione giapponese autorità in materia. Si tratta di Kisenosato Yutaka, alto 1 metro e 87 centimetri per circa 175 chili di peso.

Il titolo di *yokozuna* non viene assegnato ogni anno, ma solo quando un lottatore ne viene ritenuto degno: fatto avvenuto negli ultimi anni solo quattro volte, compresa quest'ultima. Per ottenere il titolo bisogna vincere due tornei di fila, o avere le qualità morali e i punteggi degni per meritarlo.

Una nomina importante per vincere la crisi di popolarità e riavvicinare i giovani a questa disciplina: Kisenosato è l'unico lottatore giapponese in attività ad avere raggiunto il titolo, mentre gli altri tre sono tutti di origine mongola. L'ultimo *yokozuna* giapponese fu Wakanohana Masaru, nominato nel 1998.

A ulteriore riprova della crisi del *sumō* in Giappone c'è il dominio dei lottatori stranieri, provenienti da Mongolia, Bulgaria, Hawaii, Egitto e Georgia.

Arti marziali

Nascono dalla fusione tra antiche tecniche di lotta e i principi filosofici del buddhismo, che le hanno elevate da semplici metodi di combattimento ad arti per la ricerca della perfezione fisica e spirituale. Nel corso dei secoli sono nate innumerevoli arti marziali che si differenziano per filosofia, stili e metodi d'insegnamento.

Uno degli elementi che accomuna diversi tipi di arti marziali è il combattere con il fine di disarmare l'avversario e far cessare la lotta, piuttosto che annientarlo.

In Giappone, così come in numerosi altri Paesi asiatici, sono tuttora molto praticate. Queste le più diffuse:

- **Jūdō** (柔道). La forma moderna di *jūdō* è stata sviluppata alla fine del diciannovesimo secolo dall'antica arte marziale del *jujutsu*. La traduzione letterale di *jūdō* è "il modo delicato": infatti, l'applicazione della tecnica di proiezione al suolo dell'avversario è più importante della semplice forza fisica.
- **Karate** (空手). Significa letteralmente "la via della mano vuota", poiché non viene utilizzata nessun'arma: ci si difende con i pugni, i gomiti e i piedi. I due generi principali di performance tradizionali di *karate* sono il *kata*, in cui un combattente, o un

gruppo, mostra le sue abilità davanti ai giudici, che valutano precisione, tecnica e posizione, e *kumite*, una lotta fra due combattenti che non si colpiscono realmente ma arrestano i loro movimenti prima di colpire il corpo dell'avversario.

- **Kendō** (剣道). Significa "la via della spada". Le spade sono state le armi da guerra principali in Giappone per molti secoli e hanno continuato a essere il simbolo dei samurai nel XIX secolo. I partecipanti al *kendō* moderno sono ben protetti e utilizzano spade di bambù. Anche in questa disciplina, come in tutte le arti marziali giapponesi, l'addestramento della mente è essenziale.
- **Kyūdō** (弓道). È l'arte marziale del tiro con l'arco giapponese, ma anche un'attività ricreativa relativamente popolare, praticata anche nelle scuole. L'arco usato per il *kyūdō* è lungo circa due metri e gli obiettivi statici sono situati a una distanza di 28 o 60 metri. Una parte importante è la preparazione rituale, intrisa di disciplina zen, prima di ciascun lancio.

Lingua e comunicazione

Il giapponese può essere considerato una delle lingue più difficili da imparare, specialmente nella forma scritta, ma è una delle lingue moderne più importanti. Avere

Katana 刀

La *katana* è forse il vero simbolo del Giappone antico. Si tratta di una spada a lama curva e a taglio singolo lunga almeno 60 cm e, pur trattandosi solo di uno dei tipi di spada utilizzati dai samurai, nell'immaginario collettivo, soprattutto occidentale, è diventata la spada giapponese per antonomasia.

In realtà, i guerrieri giapponesi tra il XIV e il XIX secolo la affiancavano a una spada più corta, detta *wakizashi*; l'insieme delle due armi era detto *daishō* e rappresentava il potere e il prestigio della casta dei samurai.

La *katana* è caratterizzata da un metodo di lavorazione artigianale antichissimo, tramandato di generazione in generazione, che può essere considerato una vera e propria arte. In particolare, il tipo di tempra tra dorso e filo produce una linea di colore leggermente diverso sul tagliente, detta *hamon*, la cui forma costituisce, per un occhio esperto, un segno identificativo dell'epoca della lama e del maestro costruttore.

Negli ultimi 20 anni, grazie soprattutto al film *Kill Bill* di Quentin Tarantino, questa spada è gradualmente diventata un vero e proprio oggetto di culto nel mondo occidentale, facendo registrare un boom di vendite, anche se molte *katana* dal prezzo ridotto che si trovano ormai ovunque in commercio sono solo lontane parenti dalle vere armi tradizionali giapponesi.

un'infarinatura di giapponese renderà la vostra visita o il vostro soggiorno più piacevole. Troverete inoltre che i giapponesi sono molto ben disposti verso coloro che tentano di imparare la loro lingua, anche se gli sforzi fatti per cercare di imbastire una semplice conversazione non saranno paragonabili ai risultati effettivi.

Oltre che in Giappone (con i suoi 126 milioni di abitanti), il giapponese si parla anche in comunità del Nord e Sud America (quella più consistente risiede in Brasile) e alle Hawaii, mete scelte in passato da ingenti flussi migratori. Inoltre, è parte integrante del curriculum scolastico di circa 3 milioni di studenti tra i quali in particolare cinesi, americani, britannici, australiani e neozelandesi.

L'alfabetismo nel Paese raggiunge il 100%, il più alto al mondo. Un traguardo che si deve al rigore del sistema scolastico in cui l'apprendimento meccanico è ancora uno strumento d'insegnamento largamente utilizzato. Il fatto stesso poi di apprendere una lingua così complessa aiuta sicuramente a sviluppare l'intelletto e la memoria.

La struttura della lingua

Il giapponese è una lingua agglutinante del tipo SOV (soggetto-oggetto-verbo) la cui scrittura è composta da un misto di caratteri cinesi, o ideogrammi (*kanji*), e da due sistemi di scrittura fonetica chiamati *katakana* e *hiragana* che derivano loro stessi dai *kanji* e che contengono 46 simboli ciascuno.

Il *katakana* viene utilizzato per scrivere nomi stranieri e vocaboli importati, mentre l'*hiragana*, facilmente distinguibile dal primo per la sua forma arrotondata, viene usato per parole che non prevedono *kanji*, le inflessioni di verbi e aggettivi nonché per i segnali ferroviari, i menù e indicazioni simili.

Esiste inoltre un'alfabeto chiamato *romanji* (letteralmente "caratteri romani") che si serve delle lettere dell'alfabeto latino per la "romanizzazione" della lingua giapponese.

Il numero degli ideogrammi comunemente usati è di circa 2.000. Gli studenti devono essere in grado di impararli durante il ciclo della scuola dell'obbligo, che si conclude a 15 anni – il 95% prosegue poi gli studi superiori per almeno altri 3 anni. A scuola si imparano anche gli altri due sistemi fonetici e il sistema numerico arabo. Gli studenti devono apprendere anche a scrivere con inchiostro e pennello, il che richiede molto tempo e abilità, particolarmente da parte dei bambini delle scuole elementari.

A differenza delle lingue europee, il giapponese si scrive dall'alto verso il basso e da destra verso sinistra.

Il giapponese non è facilmente riconducibile a nessuna ramificazione dei ceppi linguistici conosciuti. Da un lato presenta affinità grammaticali con il coreano e certe lingue dell'Asia Centrale, dall'altro, nel parlato, assomiglia inverosimilmente ad alcune lingue della Polinesia. Una delle teorie più interessanti fa discendere il giapponese dalle lingue polinesiane e da quelle altaiche.

A differenza del cinese (da cui sono stati importati molti *kanji*), che ha un formidabile assortimento di tonalità, il giapponese non è una lingua ricca di inflessioni, il che rende la pronuncia dei suoni relativamente semplice. Ogni parola che imparerete sarà a sé stante. Nel giapponese non esistono famiglie di parole o radici etimologiche come nelle lingue europee, ma molti termini hanno sinonimi usati a seconda della tipologia del discorso (più o meno informale) o dell'interlocutore: per verbi molto comuni come "essere", "andare", "dire" esistono tre alternative, a seconda che la persona alla quale ci si riferisce sia di rango più o meno elevato. I sostantivi non hanno parti variabili a indicare il genere o il numero; così pure i verbi non indicano la persona. Queste funzioni sono espletate da particelle che seguono i termini.

Esiste anche una variante della lingua, denominata *joseigo*, che può essere usata dalle donne quando desiderano accentuare la propria femminilità. È caratterizzata dall'utilizzo di terminologie più formali, dall'uso di specifiche particelle e da una diversa intonazione, che tende ad accentuare i toni alti.

Per arrivare a dominare propriamente la lingua occorrono anni di studio quotidiano, tuttavia a coloro che necessitano di imparare il "giapponese della sopravvivenza" sarà sufficiente un periodo di apprendimento di sei mesi circa. Fortunatamente per i principianti, i giapponesi amano molto prendere a prestito termini linguistici, in special modo dalle lingue europee con predominanza dell'inglese.

> **Argomenti tabù**
>
> Evitate argomenti quali il sistema meritocratico, il sistema imperialista o ancora gli emarginati (i *burakumin*) e la Seconda guerra mondiale (il Giappone si considera una vittima della guerra). Non è educato informarsi sulle faccende personali, quello che succede tra le mura domestiche deve rimanere privato, anche se ovviamente prolifica il pettegolezzo.

Stili di comunicazione

Nei rapporti comunicativi si fa un largo uso dell'ambiguità, o *aimai* (曖昧). Si considera infatti buona educazione il fatto di non esprimere mai chiaramente quello che si pensa, limitandosi a manifestare il proprio consenso o dissenso con espressioni interlocutorie vaghe (come *maa maa*, "non male", o *ichiō*, "per il momento", "per lo meno"), per non andare a intaccare l'armonia del gruppo, imprescindibile nella società giapponese, anche se comporta il compromesso di non potersi esprimere liberamente, obbligando l'individuo a comportarsi diversamente in privato e in pubblico.

Honne e tatemae 本音／建前

Si tratta della distinzione che i giapponesi fanno di ciò che può essere definito "faccia pubblica" (*tatemae* 建前) e "faccia privata" (*honne* 本音). In particolare, *tatemae* corrisponde al concetto di facciata o bella parvenza che si vuole attribuire a un'idea o a un pensiero per nascondere le vere intenzioni, quello che si pensa realmente, mentre *honne* si riferisce proprio a quelle reali e sincere intenzioni.

Molto spesso, invece della netta esposizione di quello che pensano, i giapponesi cercano di rispondere con concetti o espressioni accettate dalla società che indichino la loro linea di pensiero riguardo a un dato argomento, senza esprimerla realmente. Questo comportamento è da attribuire sia all'importanza dell'armonia sociale, che tende a partire dallo stesso linguaggio per evitare ogni forma possibile di contrasto o conflitto, sia alla riluttanza dei giapponesi di esprimersi in modo del tutto esplicito, cosa che potrebbe urtare i sentimenti dell'interlocutore. Arrivare a capire questo schema mentale può essere di importanza vitale per gli stranieri che abbiano rapporti continui e prolungati con i giapponesi, sia a livello personale che professionale.

Il ruolo del silenzio 沈黙

Il silenzio in Giappone ha un valore molto più grande di quello che può avere nelle società occidentali, ed è una tecnica di comunicazione molto più diffusa.

Viene considerato alla stregua di una vera e propria virtù, probabilmente per via di influenze buddhiste, e si ritiene che racchiuda la parte più importante del discorso.

La ragione risiede sicuramente ancora una volta nella "coscienza di gruppo", che porta la società giapponese a evitare il confronto diretto e mantenere l'armonia. Inoltre l'importanza delle gerarchie sociali impone che un sottoposto non possa in nessun modo contraddire un suo superiore in pubblico, limitandosi per l'appunto a stare in silenzio, anche se la sua posizione è completamente all'opposto di quella espressa. D'altra parte, può anche significare un segno di ostilità, una voluta distanza con quanto viene imposto o predicato.

Se da una parte questo determina un grande autocontrollo e impone una riflessione interiore rispetto a principi e concetti che inizialmente potevano sembrare incorretti, dall'altra crea una notevole difficoltà a comprendersi, cosa che in alcuni casi genera scatti di rabbia o impazienza, e in generale induce alla diffidenza e all'indifferenza della società verso i più deboli o bisognosi di aiuto, che vengono ignorati per non andare contro l'armonia comunitaria.

Haragei 腹芸

A volte detto anche "linguaggio dello stomaco" (traduzione letterale), questo termine indica la sensazione istintiva che si prova verso una persona, un fatto, una proposta. Può avere una connotazione sia positiva che negativa. Se da una parte infatti permette di intuire quello che gli altri stanno veramente pensando e che non esprimono per convezione sociale, dall'altra, soprattutto negli affari per contratti o affiliazioni, si può utilizzare per percepire eventuali secondi fini o guadagni personali che si desidera rimangano nascosti. All'*haragei* è collegato il significato di *ishin denshin* (以心伝心), con la differenza che quest'ultimo, che significa "una comprensione intuitiva senza l'uso di parole, accentuata in caso di legami profondi" si manifesta in modo involontario, mentre quando si parla di *haragei* c'è una volontà più o meno implicita del parlante che l'altro colga l'inferenza di quanto non viene apertamente detto.

Per esempio, quando si porge un regalo a qualcuno, è buona norma sottolineare il fatto che sia una sciocchezza: chi lo riceve capirà la modestia celata dietro a queste parole e sarà riconoscente all'offerente, qualunque sia l'entità del regalo stesso (l'espressione che si utilizza in queste circostanze è infatti "**tsumaranai mono desu ga**" che tradotta risulterebbe appunto essere "è una cosa di poco conto ma…").

Gli inchini

La cortesia in Giappone ha un valore enormemente più grande di quanto non abbia in Occidente. Infatti, se nella società a cui siamo abituati la cortesia è una forma di rispetto tra due entità, quasi una corazza sociale che va di pari passo a volte con il distacco, e che tende ad affievolirsi man mano che i rapporti tra le due entità diventano più stretti e intimi, in Giappone invece questa cortesia che a noi può sembrare così esasperata è, secondo le parole di Roland Barthes, «un esercizio di vuoto: entrambi i partecipanti si appiattiscono verso terra, il suolo unisce colui che offre, colui che riceve e l'oggetto».[2]

Non bisogna quindi mai dimenticare che in Giappone è normale ringraziare profusamente anche per richieste di aiuto o questioni di poco conto. L'inchino è utilizzato dai giapponesi nel presentarsi o salutarsi reciprocamente; ci si saluta con una stretta di mano soltanto nei contesti in cui sono presenti persone occidentali. Il personale degli alberghi si inchinerà quando entrerete nell'ascensore, i commessi dei grandi magazzini si inchineranno quando salirete sulle scale mobili, gli assistenti ferroviari quando il treno partirà dal binario. Vedrete persino gente che si inchina mentre è al telefono. Il cerimoniale è molto rigido riguardo al modo di inchinarsi: richiede di rispettare la gerarchia tra anziani e giovani e tra persone di livello professionale differente, specifica le diverse modalità, la profondità dell'inchino e quante volte deve essere ripetuto. Vi potrà capitare a volte di vedere alcuni

---

[2] Roland Barthes, *L'impero dei segni*, Torino, Einaudi, 1984.

anziani che si inchinano continuamente. È sorprendente come anche gli stranieri vengano contagiati da questa abitudine, ma non dovete preoccuparvi troppo di qual è il modo corretto di inchinarsi. È il gesto che conta.

L'etichetta

Nella società giapponese l'etichetta, nelle sue molteplici forme e gradi, è l'olio che fa girare gli ingranaggi che regolano i rapporti interpersonali. Venendo dal "mondo esterno", non ci si aspetterà che voi siate a conoscenza delle particolarità che contraddistinguono il comportamento e le relazioni interpersonali, ma per lo meno che mostriate attenzione, rispetto e deferenza (se necessario) e una propensione ad apprenderne le regole.

Attenzione. Alcuni gesti occidentali, come fare l'occhiolino o stringere le spalle, non sono conosciuti in Giappone e potrebbero essere male interpretati.

Giappone: un luogo ricco di contraddizioni

Si può fumare nei locali ma non nelle vie del centro; ci si inchina per salutarsi ma non ci si abbraccia per dimostrarsi affetto; si risucchia il cibo rumorosamente ma non si starnutisce in pubblico; i ragazzi si vestono come i personaggi degli anime infischiandosene del "mondo reale" ma gli scarichi dei gabinetti – pubblici e privati – producono musica per coprire eventuali rumori inappropriati.

4. I giapponesi

La popolazione giapponese

Il Giappone conta all'incirca 126 milioni di abitanti, dei quali il 77% dislocati nelle città. Oltre 30 centri urbani ne hanno infatti più di 300.000, mentre 9 sono le metropoli in cui vivono oltre un milione di persone: prima fra tutte Tōkyō, che, coprendo un'area urbana di 37 milioni di abitanti (la municipalità però ne ha solo 13) detiene il primato dell'agglomerato urbano più popoloso del mondo. La seguono Yokohama (3,7 milioni), Ōsaka e Nagoya (2,7 e 2,2 milioni), Sapporo, Kōbe, Kawasaki, Fukuoka e Kyōtō che vantano tutte all'incirca 1,5 milioni di abitanti.

Delle isole che compongono l'arcipelago, Honshū è la più popolosa, con una densità di abitanti per chilometro quadrato pari a 456, ma che cresce esponenzialmente nell'area intorno a Tōkyō dove arriva a 6.941.

La selvaggia e affascinante isola di Hokkaidō, che occupa la posizione più a nord della nazione, registra invece solo 72 abitanti per km². A eccezione della città principale Sapporo, gli altri villaggi e centri urbani della zona stanno venendo progressivamente abbandonati. Se tutta l'isola, che originariamente era abitata solo dagli Ainu, una minoranza etnica nativa di quelle aree, durante la Restaurazione Meiji aveva visto un notevole incremento della sua popolazione, negli ultimi anni si sta registrando nuovamente un abbandono in massa dei centri minori e una riappropriazione da parte della fauna selvatica degli spazi in precedenza occupati dall'uomo (pare che sia necessario guidare a una velocità estremamente contenuta, per evitare il rischio di investire volpi, cervi o altri animali che ormai è molto frequente incontrare sulle strade di collegamento tra una città e l'altra).

Del resto, lo spopolamento delle campagne e la riduzione della densità di abitanti sono in linea con il graduale calo demografico a cui deve far fronte il Paese, che nel 2016 ha visto il suo numero di nascite scendere al di sotto del milione di unità, registrando un tasso di fecondità tra i più bassi al mondo. Molto alto è invece quello dell'aspettativa di vita: si stima che nei prossimi tre decenni la popolazione giapponese scenderà dagli attuali 126 milioni a 80 milioni, con una media di abitanti anziani e inabili al lavoro nettamente superiore rispetto a quelli in forze e capaci di sostenere l'economia e lo sviluppo del Paese. Già attualmente pare che oltre 60.000 persone abbiano superato il secolo di vita.

Complici di questa situazione sono sicuramente la mancanza di consistenti flussi migratori che sostengano il tasso di nascite del Paese, ma anche il fenomeno degli *hikikomori* (vedi pagina 137).

Il rapporto con gli stranieri

Si sentono spesso commenti esagerati sulla "cultura monoliticamente omogenea" del Giappone, sulla lingua, sulla religione, sui costumi e sul sistema dei valori, sull'immagine di unicità che esso vuole trasmettere al mondo esterno. Gioca a favore anche il lungo periodo di isolamento in cui il Paese si è chiuso per circa 200 anni, e il basso flusso di immigrazione che registra ancora oggi. Paragonata a quella di altri Paesi industrializzati, bisogna ammettere che la popolazione è effettivamente piuttosto omogenea e non c'è dubbio che in generale i giapponesi abbiano un sentimento di identità nazionale molto forte, comune tuttavia anche ai cittadini di molte nazioni europee, al popolo americano e a quello russo.

Se da una parte la sua profonda unità culturale e una certa diffidenza nei confronti di immigrati e stranieri spingono il governo e l'opinione comune a non agevolare particolarmente l'arrivo di persone dall'estero, dall'altra il Paese deve confrontarsi con il tasso demografico in calo e con la scarsità di manodopera, che non fa fronte alla richiesta del mercato.

Nelle città vive un numero considerevole di coreani e cinesi, comunità composte rispettivamente da 650.000 e 230.000 individui, che vengono registrati separatamente dalle autorità rispetto ai giapponesi. Nell'industria del divertimento lavorano molte donne thailandesi birmane, filippine e iraniane, mentre molti uomini arabi, pakistani e asiatici hanno lavori precari o sono impiegati nell'edilizia, alimentando un mercato nero di attività illegali su cui il governo chiude un occhio, anche perché necessita di un incremento della forza lavoro. Gli imprenditori e le grandi aziende premono perché il governo riveda la sua rigida politica e favorisca l'apertura delle frontiere ai flussi migratori.

Da non dimenticare inoltre l'incremento di lottatori stranieri nelle tradizionalissime accademie di *sumō*, che hanno rimpiazzato i giovani locali, non più attratti dalla rigida disciplina e dalle severe regole imposte a chi vuole eccellere in questo campo. Incredibile, se si pensa che nei secoli passati il solo fatto di essere straniero era una discriminante imprescindibile che precludeva l'accesso a chiunque non fosse giapponese di nascita.

La forte distinzione che i giapponesi fanno tra "interno" e "esterno" si riflette anche sui *gaikokuijin*, letteralmente "persone provenienti dall'esterno", parola solitamente abbreviata con *gaijin*. In passato indicava anche coloro che provenivano da un'altra provincia, oggi si riferisce essenzialmente a coloro che non sono giapponesi, coloro che provengono, appunto, dal "mondo esterno".

Scrive Cees Nooteboom, quando nel 1977 si avventura per le strade di Tōkyō alla scoperta di questo mondo così lontano che non smette di stupirlo:

«Come ho già sottolineato, la parola "straniero", *gaijin*, significa letteralmente *outside person*, implicando un concetto di esclusione. Ma c'è un altro termine, *tanin*, che può esprimere in un modo più specifico la mia condizione di straniero. *Tanin* è qualcuno che non ha alcuna reale connessione con te. [...] Non avere nessuna relazione con qualcuno implica non essere *visti*, o almeno non veramente.»[3]

Se i visitatori europei, americani, australiani e neozelandesi sono trattati oggi con il massimo riguardo, specialmente se parlano (e magari insegnano) inglese, considerata la "lingua universale", ricordatevi che non riuscirete a dimenticare neanche per un momento di non essere giapponesi.

Le relazioni internazionali

Il Giappone è presente nei principali organismi internazionali. È membro del G8, dell'APEC e dell'ASEAN Plus Three con ruolo di coordinatore nell'area di libero scambio. Fa parte della coalizione G4 (India, Germania, Giappone e Brasile). Partecipa inoltre all'East Asia Summit. Dal 2007 vige un patto di sicurezza con l'Australia, nel quale nel 2008 è subentrata anche l'India.

È membro delle Nazioni Unite dal 1956, ed è stato membro non permanente del Consiglio di Sicurezza in più occasioni, per un totale di vent'anni.

---

[3] Cees Nooteboom, *Cerchi infiniti – viaggi in Giappone*, Iperborea, 2017.

Dopo la sconfitta nella Seconda guerra mondiale e la successiva occupazione statunitense, il Giappone è ora legato agli Stati Uniti da solide relazioni economiche e militari.

Attualmente sono ancora aperte diverse dispute internazionali per il controllo di determinate isole: le Senkaku con Cina e Taiwan, l'isola di Okinotorishima con la stessa Cina, le isole Curili con la Russia, gli scogli di Liancourt con la Corea del Sud. Continuano a essre tutt'altro che distese le relazioni con la Corea del Nord a seguito degli esperimenti nucleari di quest'ultima: negli scorsi anni il governo giapponese ha intrapreso azioni militari per la sorveglianza dallo spazio della regione est-asiatica, con particolare attenzione alla penisola coreana.

Non hanno contribuito a stemperare la situazione il clima teso e le minacce di una guerra nucleare provenienti da Kim Jong-un e Donald Trump prima e Joe Biden dopo. Diversi missili "prova" hanno sorvolato il Giappone, e ancora la situazione tra le due fazioni politiche non sembra essere giunta a un punto di fine.

La società giapponese

In Giappone troverete una naturale inclinazione alla ricerca di un accordo comune, unita a un desiderio di evitare ogni tipo di contrasto, in particolare in quegli

Lo scambio dei biglietti da visita (*meishi*)

- Dopo una stretta di mano (molto probabilmente) o un inchino (o entrambi in alcune occasioni), porgerete il vostro biglietto da visita e riceverete contemporaneamente in cambio quello della persona di fronte. I visitatori generalmente porgono per primi il loro biglietto. Fatelo in modo che il vostro nome sia facilmente leggibile.
- Mentre studia il vostro biglietto da visita, il vostro interlocutore potrebbe bisbigliare tra i denti: è segno che vi ritiene una persona di riguardo. Ricordate: il vostro *meishi* rappresenta la vostra "faccia" ed è considerato qualcosa di molto personale.
- Osservate attentamente il biglietto che vi è stato dato e, se è in giapponese, non sentitevi in imbarazzo nel chiedere la traduzione.
- I giapponesi indicano prima il cognome poi il nome proprio. È raro rivolgersi agli sconosciuti utilizzando i nomi propri; identificate quindi il cognome e poi aggiungete il suffisso *-san*, per es. Morita-*san*. Voi verrete chiamati ad esempio Venturi-*san*, che è l'espressione equivalente a "signor" o "signora".
- Quando vi sarete seduti, tenete il biglietto da visita che avete ricevuto ben in vista, sul tavolo o sul bracciolo della sedia.
- Fate infine il gesto di riporre il biglietto nel vostro portafoglio o nel "porta-*meishi*", a significare che lo tenete in grande considerazione.
- Alla fine della giornata segnate alcune note sui biglietti per ricordarvi delle persone, ma non fatelo mai in loro presenza e non mettete mai il *meishi* nella giacca o nella tasca posteriore dei pantaloni.
- Nelle cartolerie potrete trovare dei raccoglitori di *meishi* che si possono rivelare molto utili.

aspetti della vita che richiedono una presa di posizione. Alla base di questo comportamento, un ruolo importante lo gioca l'influenza del confucianesimo, secondo il quale è fondamentale mettere da parte se stessi per il bene comune e l'armonia sociale o *wa* (和). Le sue origini storiche sembrano risalire allo sforzo comune che richiedeva la semina del riso, alla pianificazione, alla cooperazione e all'esecuzione stessa di tutto il processo di coltivazione e raccolta di questa pianta fondamentale in Giappone.

Questo conferisce al singolo individuo un enorme peso sul proprio ruolo sociale: se da un lato lo spinge a essere altamente efficiente e produttivo sul lavoro, dall'altro lo opprime con il grande senso di responsabilità che gli impone di essere sempre all'altezza delle aspettative e di non sopportare il fallimento, al quale ancora oggi alcuni trovano rimedio tramite il suicidio, soprattutto tra i giovani.

Vittime di un sistema scolastico estremamente impegnativo e severo e occupati continuamente anche fuori dall'orario delle lezioni in attività sportive o complementari, senza le quali non farebbero mai comunque carriera, i giovani giapponesi sin dall'infanzia si trovano a doversi confrontare ogni anno con gli esami di apertura di un nuovo ciclo scolastico, gli *shiken jigoku* ("l'inferno degli esami"), il quale esito determina poi l'ammissione o meno sia ai corsi di laurea più ambiti sia a determinati posti di lavoro. Questo è il motivo alla base del *futōkō*, l'assenteismo scolastico e l'incremento del tasso di suicidi tra i giovani nel mese di settembre, quando appunto avviene la riapertura delle scuole. Come conseguenza del non aver superato la prova, molti giovani, i cosiddetti *rōnin*, si chiudono in casa e aspettano di poter ritentare l'anno seguente.

Non deve sorprendere, quindi, che in Giappone coesistano sia la cultura della "vergogna" che la cultura della "facciata", due lati di una stessa medaglia che si ritrovano anche in Cina e altre società asiatiche. "Perdere la

---

Rōnin 浪人

Sebbene oggi il termine *rōnin* venga utilizzato per designare uno studente che ha fallito l'esame di ammissione all'università, nel Giappone di epoca Tokugawa (1603-1868) con *rōnin* ci si riferiva a quei samurai che si ritrovavano a essere "erranti" a causa della scomparsa del proprio padrone.

Emblematica è la storia dei "47 *rōnin*" che ha ispirato innumerevoli registi e scrittori, fra i quali Carl Rinsch e Jorge Luis Borges.

La vicenda è la massima rappresentazione dell'etica del bushidō: 47 samurai, dopo due anni di attesa, pianificano e mettono in atto la vendetta per il proprio padrone, costretto al *seppuku* per ordine di un uomo dello *shōgun*.

Dopo aver salvato l'onore, i *rōnin* scelsero la sorte del loro stesso padrone e commisero il suicidio rituale; solo uno dei 47 rimase in vita: aveva il compito di tramandare la storia.

---

faccia" – cioè la dignità personale, il rispetto per se stessi, il prestigio – in qualsiasi circostanza ci si trovi non è un'opzione in Giappone. Bisogna assolutamente evitare di creare situazioni che possano portare a perdere la faccia o farla perdere ad altri. Per un giapponese sarebbe non solo imbarazzante, ma anche motivo di vergogna.

Vi è poi la questione dell'onore e dell'integrità personale. Non si tratta di commettere azioni considerate "sbagliate", ma del fatto stesso di essere scoperti: la moralità nel senso occidentale del termine diventa qui discutibile ed è piuttosto la vergogna a scatenare il senso di colpa.

Poiché la voce del gruppo – affari, famiglia, scuola, gruppi sociali – è più importante di quella del singolo individuo, il Giappone può considerarsi una cultura pluralistica. Negli affari, per esempio, i giapponesi si presentano innanzitutto e prima di tutto con il nome dell'azienda, seguito dal nome del dipartimento, dal ruolo personale ricoperto e infine dal nome proprio.

Se un individuo parla del proprio Paese, userà spesso la frase *ware ware nihonjin*, "noi giapponesi", prendendo le distanze dal punto di vista personale ed esprimendo quindi il punto di vista del gruppo, cioè dell'intero popolo giapponese o della nazione in generale.

> ## Gli emarginati
>
> La classe sociale che per secoli è stata oggetto di discriminazioni (oggi conta l'1% della popolazione, corrispondente a 1,4 milioni) è quella dei *burakumin* o *eta*: la casta degli "impuri", associati alla produzione del pellame e di altre attività legate al sangue, come la gestione di un macello. La questione *buraku* fu menzionata sui libri di scuola per la prima volta nel 1972.
>
> Il governo ha effettuato una serie di iniziative atte a rispondere alle esigenze di questa parte emarginata della popolazione e ai problemi di discriminazione per quanto riguarda gli alloggi, la scuola e il lavoro. La stampa non ne parla per paura di ritorsioni, mentre esiste un'efficace industria "non ufficiale" di "investigatori privati", con il compito ingrato di indagare che non esista sangue *buraku* (nel caso ci fosse qualche dubbio) nel partner che si intende sposare. Anche alcuni datori di lavoro effettuano tali controlli, ed esistono guide illegali per coloro che vogliono cambiare casa, per localizzare ed evitare le comunità *buraku*.

I rapporti sociali

Se con la parola *gaijin* sono indicati gli stranieri, quelli che arrivano da oltre i confini del Giappone, all'interno della stessa società giapponese domina una dicotomia che distingue *uchi* (内, il dentro, il nucleo familiare, il gruppo di appartenenza) e *soto* (外, il fuori, gli altri nuclei familiari e gruppi di appartenenza). Tutti i comportamenti legati alle interazioni sociali tra due o più persone si rimandano dunque a questa grande distinzione iniziale.

Tenendo conto del fatto che i gruppi non sono insiemi statici, ma sono dinamici e si allargano o si restringono in base ai diversi legami della singola persona (nuove relazioni di parentela in seguito a un matrimonio, nuova appartenenza a un gruppo in seguito all'ammissione all'università), i diversi atteggiamenti verso le stesse persone tendono naturalmente a cambiare con il cambiamento della sua posizione sociale rispetto all'individuo.

L'unico componente che fatica a passare nella sfera dell'*uchi* è ancora una volta lo straniero, che anche se nato in Giappone, perfettamente padrone della lingua e totalmente integrato nella società giapponese, stenta a tutt'oggi a essere accettato nelle cerchie più intime dalla maggior parte della popolazione, rimanendo sempre, per la sua intrinseca diversità, parte del *soto*.

Alla base dei rapporti sociali, oltre all'armonia e all'importanza della voce corale su quella del singolo, c'è il concetto di *amae* (甘え), che significa indicativamente "dipendere dalla benevolenza altrui" (consigliamo a riguardo un bellissimo libro di Takeo Doi intitolato *Anatomia della dipendenza*).

In generale ogni volta che si comincia un discorso o una relazione interpersonale, in Giappone si fa riferimento all'*amae*: si spera quindi che l'altro sarà pronto a cogliere il vero significato delle parole e dei silenzi dell'interlocutore dietro alle imposizioni dell'etichetta e dei valori sociali, che sarà pronto a rispettare le gerarchie e a sentirsi obbligato verso l'altro se riceverà un dono o un favore.

Tale obbligo si può facilmente riconoscere nel concetto di *giri* (義理, traducibile con "dovere") ovvero nell'usanza di fare regali non per puro piacere ma proprio per obbligo morale, con l'intento di preservare i buoni rapporti tra le persone. Questa pratica risale probabilmente al periodo feudale, quando, per portare avanti la coltivazione del riso, un'operazione complessa e che richiede la collaborazione di diverse figure, si facevano regali a chi partecipava al processo, con la speranza che in questo modo fosse garantita la loro presenza al raccolto seguente. Ancora oggi mandare regali e cartoline è considerato fondamentale per mantenere l'armonia, e con questo scopo si suppone che questa tradizione continuerà ad avere seguito nel Paese.

I regali

In Giappone più che in ogni altro Paese è consigliabile apprendere le abitudini del luogo poiché, come sottolinea la graziosa eroina del romanzo di James Clavell

Shogun[4] (Bompiani, 2005), qui esistono solo modi di fare giapponesi. C'è da dire comunque che i giapponesi sono coscienti di quanto a volte le loro abitudini siano complesse e articolate, e sono per questo sempre pronti a venire incontro ai tentativi incerti e goffi che compiono gli stranieri nel cercare di osservarle.

Questo riguarda in particolar modo il rituale dello scambio dei regali: un regalo in Giappone è un *o-miyage* (お土産), un "omaggio onorevole", e il vostro gesto, qualunque esso sia, sarà comunque estremamente gradito.

Questa pratica è essenzialmente un lubrificante sociale che serve a rendere più distesa l'interazione e a rafforzare i rapporti preesistenti, mantenere e sostenere lo status quo e il senso di benessere all'interno di un'azienda, un'organizzazione, nell'ambito della famiglia o nei riguardi del vicinato. Si può dire che sia un elemento equilibratore del radicato senso dell'obbligo dei giapponesi e dell'importanza dei rapporti sociali.

Per questo motivo un giapponese non si aspetta che uno straniero conosca questo modo di essere o sia realmente parte di questo processo, ma comunque apprezzerà profondamente il gesto e ricambierà.

---

[4] È basato sulla storia del primo uomo inglese che toccò il suolo giapponese, William Adams, di Gillingham, nel Kent (nel romanzo John Blackthorn), in seguito a un naufragio, nel 1600. Sebbene Clavell abbia compiuto studi approfonditi del Periodo Edo, il suo non può essere definito un romanzo storico.

Nel ricevere un regalo, qualcuno vi potrà dare in cambio un omaggio di poco valore. È una specie di "ricevuta", il vero regalo vi sarà dato in seguito. Molto comuni sono anche i regali materiali in cambio di favori ricevuti. Negozi e supermercati alimentano (ovviamente a loro vantaggio) la tradizione, producendo confezioni standardizzate, a tal punto che può capitare di sapere esattamente cosa contiene una scatola senza doverla aprire, cosa che darà la possibilità di utilizzarla nuovamente per un altro rito di scambio: infatti la pratica di "riciclare" è assolutamente normale e circolano varie barzellette a riguardo. Tuttavia, vista la quantità di pensieri che i giapponesi si scambiano ogni anno, molto saggiamente sono soliti tenere una lista di quelli ricevuti e offerti, così da evitare spiacevoli doppioni.

Quando rappresentano un gesto di pura riconoscenza verso una persona, i regali non vanno ricambiati, ad esempio quelli fatti dagli alunni agli insegnanti, dai negozianti ai clienti, da una fabbrica di auto ai propri visitatori o da una compagnia aerea ai passeggeri.

Visitando il Giappone per affari, vi capiterà poi di ricevere dei regali senza che abbiate l'occasione di ricambiare. In quel caso, se possibile fatevi dare l'indirizzo della persona: sarà particolarmente apprezzato un bel biglietto di ringraziamento, che magari accompagnerete con una fotografia che avrete scattato in occasione dell'incontro.

Senpai-kōhai 先輩/後輩

Questo è un tipo di relazione onnipresente nella cultura giapponese, dove i membri più anziani di una scuola o di un'organizzazione offrono amicizia, assistenza e supporto ai più giovani, ottenendo in cambio rispetto e gratitudine. Più che dall'età, il rapporto *senpai-kōhai*, che permea fortemente la società, è determinato dall'anzianità in un determinato ruolo: un membro anziano funge da "angelo custode" a un cadetto o a un neofita. Quelli che in un'organizzazione o gruppo sono considerati al pari sono definiti *dōryō*.

Essendo tutti i gruppi fortemente gerarchici, l'inclusione di un nuovo membro avverrà sempre dal basso, con la possibilità di avanzare nella scala in base a quanto si dimostrerà fedele e valido. Il ricevere offerte da esterni e il rifiutarle determina un avanzamento di posizione del singolo nella gerarchia, cosa che genera grande rivalità e poca collaborazione tra gruppi affini. Inoltre, il singolo soggetto sarà poco incline a partecipare a progetti integrati o esterni, per paura di rimanere escluso dal gruppo di appartenenza, che potrebbe interpretare il suo gesto come un tradimento.

Amakudari: il volto oscuro degli scandali finanziari in Giappone

Alla base di molte delle crisi e degli scandali finanziari che hanno colpito il Paese dopo la grande bolla speculativa della fine degli anni Ottanta, c'è la pratica degli *amakudari*, ovvero la "discesa dal cielo" di politici e funzionari amministrativi che, raggiunta l'età di pensionamento o licenziatisi in anticipo da una carica verso la quale non vedono ulteriori prospettive di crescita, vanno a ricoprire ruoli di rilievo all'interno di aziende private o semipubbliche.

Grazie alla loro influenza, tali aziende acquistano quindi una posizione privilegiata, e hanno la via di accesso libera a bandi ministeriali, finanziamenti, autorizzazioni e altri privilegi.

Proprio questa pratica sta alla base dello scandalo finanziario che vede coinvolte le *jūsen* (compagnie di prestito immobiliare), le quali durante il periodo dello sviluppo economico del Paese prestavano ingenti somme di denaro grazie all'appoggio delle *botaiko* (le banche madri), con il benestare degli *amakudari*, fino all'esplosione nel 1989 della bolla speculativa. A quel punto, infatti, i debiti nei confronti delle *jūsen* sono risultati inesigibili, bloccando per oltre 10 anni il sistema di prestiti e portando all'arresto di numerosi *amakudari* per corruzione ed evasione fiscale.

> ## Baburu: i figli della grande bolla
>
> Come è cambiata la società giapponese dopo lo scoppio della grande bolla speculativa degli anni Ottanta? Con Karl Taro Greenfeld nel suo libro *Baburu: i figli della grande bolla* andiamo alla scoperta di un Giappone più oscuro e difficile di quello che pervade generalmente l'immaginario collettivo.
> Con i suoi racconti-report, Greenfeld intervista e mette in luce le realtà dei sobborghi provinciali in cui si muovono affiliati della *yakuza*, gang di teppisti e piccoli spacciatori, ragazze disinibite e scintillanti nei loro abiti bodycon e hacker strapagati dalle più grandi aziende locali capaci di estrapolare dati segretissimi e rivenderli a prezzi esorbitanti.
> La maschera più ribelle e trasgressiva del Giappone messo a nudo delle sue mille contraddizioni.

Un fenomeno dilagante tra gli adolescenti: l'autoreclusione degli hikikomori

Il termine *hikikomori* (引き籠り), dalle parole *hiku* (引く, tirare) e *komoru* (籠る, ritirarsi), significa "stare in disparte" e si riferisce alla tendenza esplosa in Giappone a metà degli anni Ottanta, quando migliaia di adolescenti, giovani e (oggi, complice la crisi economica) adulti cominciarono a scegliere di autorecludersi nelle loro case o, meglio, nelle loro camere. E di restare perennemente connessi in rete.

«Oggi in Giappone il numero di *hikikomori* ha superato il milione di persone, pari al 3% della popolazione» spiega il professore Kunifumi Suzuki, docente di psichiatria all'Università di Nagoya. «Ma ci sono *hikikomori* anche in Usa, America Latina, Spagna, Francia, Regno Unito, Italia (dove si parla di 30.000 ragazzi che hanno smesso di uscire di casa).»

Le cause principali? L'incapacità di reggere la pressione familiare e sociale circa i buoni risultati scolastici e professionali ("devi prendere bei voti", "devi trovare un lavoro", "devi trovare una ragazza", "devi essere simpatico, sportivo, attraente"), ma anche il rifiuto della cultura tradizionale giapponese, vissuta come troppo rigida e giudicante.

Molti degli *hikikomori*, di cui è in aumento anche il numero delle donne, dipendono economicamente dalla famiglia, che si rifiutano di vedere, facendo le normali attività che vengono svolte di giorno nelle ore notturne, evitando qualunque contatto con i familiari verso i quali si sentono umiliati. La totalità dei loro rapporti sociali avviene quindi tramite l'utilizzo di internet, delle chat e delle community in cui sfogano tutta la loro frustrazione e la loro rabbia di rifiutati dal mondo.

I rapporti tra uomini e donne

Se anticamente i rapporti tra uomini e donne in Giappone erano sostanzialmente paritari, la situazione è cambiata nel Periodo Edo (1603-1868) per via della grande influenza del confucianesimo, che impresse nella mentalità giapponese forti valori patriarcali. Questi ultimi rimasero solidi nella società fino a circa la fine della Seconda guerra mondiale, quando la situazione richiese un radicale cambiamento.

Nell'epoca Meiji (1868-1912) l'apertura verso l'Occidente contribuì ad assorbirne alcuni valori maschilisti e alcune impostazioni sociali: le scuole vennero divise in istituti maschili e femminili, dove in questi ultimi veniva principalmente insegnato alle ragazze a essere brave mogli e buone madri, a saper gestire le faccende domestiche, a portare onore al proprio marito e ad accudire i figli.

Con il varo della nuova Costituzione nel dopoguerra e il riconoscimento di eguali diritti per entrambi i sessi, l'emancipazione femminile ha avuto una crescita molto rapida, e al giorno d'oggi la maggior parte delle donne lavorano, sono indipendenti e non sentono la necessità di sposarsi per sentirsi realizzate. Tuttavia ancora oggi a loro è destinata generalmente la cura della casa, l'educazione dei figli e la responsabilità degli anziani, soprattutto nel caso in cui questi continuino a vivere con il nuovo nucleo familiare, tradizione in declino ma ancora viva in alcune zone, specialmente rurali.

Sempre meno frequenti sono anche i matrimoni combinati: ci si sposa per amore, cosa che costituisce un notevole progresso, che però come contrappeso si trascina dietro un problema tutto giapponese: la difficoltà a intrattenere relazioni con l'altro sesso.

Omiai. La pratica dei matrimoni combinati お見合い
Oggi molti giapponesi, così come accade in altre parti del mondo, decidono di rimanere single e condurre una vita indipendente. Tuttavia, tra quella parte della popolazione che invece aspira al matrimonio, resta ancora diffusa la pratica dell'*omiai*, ovvero delle nozze combinate dalle famiglie.

La comunità, che da sempre ha una grande influenza, come abbiamo già detto, sulla vita del singolo, intercede anche in questo caso come mediatore, facendo prevalere la voce corale del "noi" su quella dell'"io". Non si deve tuttavia pensare, soprattutto nell'epoca attuale, a matrimoni imposti in tutto e per tutto dai genitori, come invece accade in India: l'*omiai* è più un accordo tra famiglie, che si organizzano per fare un incontro combinato tra i due rispettivi figli, generalmente con gli stessi parenti presenti, di modo che si conoscano e possano quindi avviare una relazione felice, che consolidi i legami tra i due nuclei.

A differenza di quanto accade in altri Paesi dove i matrimoni combinati sono ancora in uso, in Giappone sono gli stessi giovani a volte a richiederli, complice la struttura societaria che tende a rendere difficili le interazioni tra gruppi di appartenenza diversi. Sebbene attualmente esistano molti istituti di istruzione misti e non solo scuole femminili o maschili, uomini e donne tendono a fare gruppo tra di loro, limitando le relazioni, che diventano quindi complesse. Forte è infatti la paura e la vergogna di un eventuale rifiuto, che se invece avviene filtrato dalle famiglie ha un impatto minore sull'autostima e sulla concezione di sé, così importante in Giappone.

Complicato è anche il rapporto con il sesso, verso il quale sempre più giovani si dimostrano poco interessati. Le massacranti ore di lavoro e la difficoltà dei rapporti interpersonali tra uomini e donne pare stimolino un'apatia sessuale che porta a un invecchiamento della popolazione che il basso tasso di nascite non riesce a controbilanciare. Non sono rari i casi in cui a una vera e propria relazione si preferisca la pornografia, che qui ha un mercato molto vasto, includendo non solo riviste e video, ma anche manga e anime dedicati.

Diffusa è anche la pratica di prenotare una stanza a ore nei Love Hotel (vedi pagina 158), alberghi con camere arredate a tema per soddisfare qualunque tipo di fantasia sessuale, dove i giovani amanti, che molto spesso, a causa dell'elevato costo degli immobili e degli affitti, soprattutto nelle grandi città, vivono in casa con i genitori a lungo, possono trovare un po' di intimità. Molto frequentati anche da manager aziendali o impiegati, che decidono (cosa non rara) di trascorrere una notte con una escort o una prostituta. Anche qui si sente molto l'influenza del confucianesimo che, se imponeva alle mogli di essere sottomesse a padri, mariti e fratelli, lasciava nella mentalità maschile la libertà di avere quante concubine e accompagnatrici un uomo volesse.

Il declino della famiglia estesa

Un tempo era normale che i figli una volta sposati rimanessero a vivere nella stessa casa con i genitori, ma al giorno d'oggi i casi sono sempre meno frequenti, a causa delle dimensioni più ridotte degli appartamenti, dei trasferimenti per motivi di lavoro o perché i giovani tendono a essere più indipendenti dalla famiglia. Rimane comunque un profondo rispetto per i membri anziani, che godono dello status di *senpai*.

L'età media delle persone è in aumento – 84 anni per le donne e 76 per gli uomini (la più alta tra i Paesi industrializzati) – e il numero delle nascite è il più basso registrato sinora (1,6 bambini per ogni coppia sposata). Al 2021 si calcola infatti che il 28% circa della popolazione ha più di 65 anni, un dato questo che ha fatto crollare la percentuale della popolazione produttiva al 60% (contro il 68% della fine degli anni Settanta).

I figli e la vita familiare

Il cambiamento dello stile di vita e l'indebolimento del modello tradizionale della famiglia e del sistema dei valori (causato anche dall'impatto del consumismo) sono alla base delle variazioni comportamentali nell'età giovanile, che si manifestano in maniera sempre più crescente sia tra le mura domestiche, che in pubblico, che in ambito scolastico. Non sono comunque variazioni dissimili da quelle di altre società la cui economia si è sviluppata essenzialmente nel secondo dopoguerra, quando le nuove tecnologie e un aumento crescente del reddito disponibile hanno prodotto la cultura della "gratificazione immediata".

Il Giappone, inoltre, non si è ancora trovato ad affrontare le conseguenze di una serie di fenomeni sociali quali l'aumento del numero dei divorzi cui si sta assistendo anche in Occidente, l'impatto sociale delle famiglie divise o il fenomeno delle "famiglie allargate".

Generalmente la crescita dei figli riprende il concetto intrinseco a tutta la società giapponese di cooperazione. I genitori tendono quindi a non essere troppo autoritari, ma con il loro esempio spingono i figli a imitarli. Invece di entrare in conflitto diretto, si cerca di avvicinare psicologicamente il bambino/ragazzo, senza imporsi, ma tentando di mostrare al piccolo la corretta strada per comportarsi bene, secondo le regole imposte dalla società e dai genitori.

Le madri giapponesi continuano a rappresentare l'elemento dominante nell'educazione dei figli e a detenere piena responsabilità dell'economia familiare. Nonostante l'impatto della recessione della fine del XX secolo e il fatto che alcune delle grandi aziende abbiano abbandonato la "politica dell'assunzione permanente", il padre di famiglia continua a passare molto poco tempo a casa.

La settimana lavorativa si compone di cinque giorni, ma il sabato è spesso dedicato a praticare attività sportive con i colleghi o ad altri incontri d'affari, così che è realmente riservata alla famiglia solo la domenica, a volte chiamata appunto "giorno del servizio alla famiglia".

L'abbigliamento

Base dei tradizionali abiti giapponesi è il famoso *kimono* (着物), stretto in vita da una fascia detta *obi* nella sua versione femminile, o diviso in pantaloni *hakawa* e giacca *haori* per quanto riguarda la versione maschile. Gli zoccoli di legno caratteristici si chiamano *geta* e vengono generalmente portati con le calze *tabi*, dalla speciale rientranza tra alluce e medio che permette loro l'abbinamento con l'infradito.

Più caratteristico di così non si può, e ancora oggi questo abbigliamento viene usato durante feste e cerimonie, ma non di rado anche semplicemente in casa, soprattutto da anziani o nelle zone rurali. C'è poi un tipico *kimono* simile a una vestaglia, che prende il nome di *yukata*, da mettersi in casa dopo aver fatto il tradizionale bagno serale ristoratore.

Per il luogo di lavoro e per la vita di tutti i giorni, comunque, si tende a vestirsi all'occidentale, moda introdotta nel Paese a partire dalla Restaurazione Meiji del 1868, con quelle influenze prettamente nipponiche che avvolgono quasi ogni tradizione importata da fuori.

La tendenza della società a dividersi in gruppi che rappresentino il singolo è evidente anche in questo ambito: spesso le scuole forniscono divise ai loro studenti, che non di rado questi indossano anche fuori dagli orari di lezione; lo stesso può accadere nelle aziende, o comunque può venire imposto un dress code, per quanto non particolarmente rigido (del resto il completo giacca e cravatta o il tailleur sono ancora dei must per molti uffici anche in Europa, nonostante il rapido incedere di jeans e sneakers).

Il fenomeno kawaii かわいい

Eppure non di rado, soprattutto nei quartieri più trendy delle grandi città, capita di vedere giovani o giovanissimi agghindati con abiti sgargianti, stravaganti, ciocche di capelli dai colori accesi e dal trucco marcato, che sembrano usciti da un fumetto o da una eccentrica rivista di moda. La lingua che usano è farcita di inglesismi, e spesso tendono a riferirsi a se stessi parlando in terza persona, come fanno solitamente i bambini.

La loro parola preferita: *kawaii*, l'equivalente dell'inglese *cute*, qualcosa di tenero e carino, che conservi anche una certa qualità infantile. *Kawaii* sono gli abiti ricolmi di volan, le zeppe vertiginose o le leziose ballerine in vernice da bambolina, le ampie parrucche dai colori più disparati con corredi di codini e voluminosi accessori per capelli, *kawaii* sono le borsette, i gadget dedicati ad animaletti teneri e dolci o a personaggi di serie cartoon, manga e anime (basti pensare alla famosissima Hello Kitty), *kawaii* sono le movenze aggraziate, il trucco marcato a tonalità pastello, le unghie finte glitterate, le gonne corte arricciate.

Quello che potrebbe sembrare solo un bizzarro divertimento che ha rapidamente spopolato in realtà alla base si genera da un rifiuto, per lo meno temporaneo, di una società austera e rigorosa, in cui responsabilità e competizione andranno gradualmente ad aumentare, rendendo la vita molto più complicata. Si tratta quindi di un concentrato di libertà, di stranezze innocenti e divertenti che però nascondono un allontanamento dai valori e dai ruoli tradizionali, compreso il gender. Un momento di leggerezza (che nasconde comunque un certo peso) prima di rassettarsi e indossare i panni seri e morigerati della vita da adulti, con tutto quello che questo comporta.

Tra le affollate strade di Shibuya non capita quindi di rado di vedere gruppetti di *sweet* o *gothic Lolita*, creste e acconciature eccentriche che prendono ispirazione dai personaggi più in voga del momento, tra tv, internet, musica e star del cinema e dell'animazione, abiti costosi e ricercati o vere e proprie *ganguro*: ragazze dai capelli tinti biondi o ossigenati, pelle abbronzata tutto l'anno e indumenti dai motivi floreali o hawaiani, coordinati da accessori immancabilmente griffati.

5. La vita giapponese

Vivere in Giappone

Fin dai primi anni Ottanta lo sviluppo del Paese è proceduto sotto il segno dell'"internazionalizzazione" (*kokusaika*) con numerose iniziative di rilievo. Tuttavia all'inizio del XXI secolo, nonostante il grande processo di occidentalizzazione avvenuto sotto l'influenza americana, soltanto una piccola percentuale di giapponesi è in grado di parlare inglese; vi sono aree del territorio in cui non hanno praticamente mai messo piede degli stranieri e buona parte degli abitanti non ha mai lasciato il Paese. Ancora oggi, l'occidentalizzazione rimane evidente nella superficie, nella scelta dei vestiti, nelle influenze della moda, nelle attività commerciali, ma l'interno, la vera anima del Giappone, conserva le sue caratteristiche tipiche e uniche.

Tra i giapponesi che si recano all'estero, molti si servono di viaggi organizzati e per periodi molti brevi: qualche giorno, piuttosto che qualche settimana. Questo dipende non soltanto da un desiderio personale, ma anche dalle poche ferie che generalmente vengono concesse agli impiegati. Un arco di tempo ristretto, raramente oltre i dieci giorni, che spinge il singolo a organizzarsi in gruppi di modo da essere guidato attraverso una selezione attenta di opere e edifici da vedere. E la scelta, data la diffidenza e la necessità di aggregazione, ricade quasi sempre su aziende locali, anche all'estero: volano con compagnie aeree giapponesi, soggiornano in alberghi giapponesi e mangiano in ristoranti giapponesi.

Un atteggiamento simile si ha nei confronti di chi si è recato all'estero per lavoro o per motivi di studio: il suo ritorno sarà celebrato in quanto tale, in quanto "ritorno in patria", mentre l'esperienza di vita all'estero in sé non susciterà grande interesse né particolare curiosità. La persona verrà doverosamente aggiornata sugli ultimi avvenimenti del "mondo reale", cioè il Giappone, e poche notizie verranno chieste su come sia vivere in un Paese straniero.

Comune è anche il fenomeno degli *otaku*: stranieri, appassionati di manga, anime e cultura pop giapponese che decidono di trasferirsi qui per fare carriera nel settore che prediligono. Molti però, pur riuscendo a entrare nel ruolo prescelto, rimangono delusi dalle massacranti ore di lavoro richiesto, dalla vita frenetica della capitale o dalle differenze culturali che a lungo andare diventano pesanti. Una visita comunque al quartiere di Akibahara a Tōkyō, la vera e propria Mecca degli appassionati di videogiochi, anime e manga, è una tappa obbligata nella vita di qualunque *otaku*.

Chi si reca in Giappone deve sapere che per ragioni storiche che risalgono all'annessione della Corea

148

Tre domande a Luca Catalfamo di Casa Ramen

Ha assaggiato per la prima volta il ramen a New York, ha viaggiato alla ricerca di nuovi sapori e ha ascoltato preziosi consigli di altri chef maestri nella sua preparazione. Adesso nei suoi ristoranti di Milano Casa Ramen e Casa Ramen Super è possibile assaggiare il frutto di questa passione e di questo impegno, un ramen speciale che riunisce nei suoi sapori frammenti di vita, e che ha ricevuto importanti riconoscimenti nella terra del Sol Levante.

«Il ramen è comfort food» dice Luca. «Quando l'ho assaggiato per la prima volta ero a New Yok, ero solo, e avere davanti quella ciotola di brodo caldo con noodles è stato sicuramente un momento intimo, che mi ha confortato molto. È stato attraverso il ramen che ho scoperto il Giappone e la sua cultura. La mia versione prende ispirazione da un tipo di ramen originario di Fukuoka, nel sud del Giappone, ma si è evoluta sulla base di tutto quello che avevo conosciuto all'estero. Il bello è che l'essenza del ramen, la sua regola numero uno è proprio il non avere regole, e quindi è aperto alla più totale personalizzazione. Nel mio, utilizzo ingredienti italiani al 100%.»

E in Giappone Luca ci va spesso, soprattutto da quando al Museo del Ramen di Yokohama ha aperto Casa Luca Milano, dopo che una delegazione giapponese ha chiesto che il suo piatto venisse incluso tra gli otto ramen bar del loro museo.

«La cultura del Giappone è decisamente molto differente al primo impatto, ma poi si scoprono molti tratti in comune, come la voglia di socializzare, di stare insieme, anche a tavola. Ammirevoli poi sono la loro educazione, la disponibilità ad aiutare e la tranquillità, la possibilità di stare tranquilli, che ti infonde questo Paese.»

(1910-1945) e al coinvolgimento militare e civile dei coreani nella Seconda guerra mondiale a molti livelli, questi ultimi vengono considerati in modo differente rispetto agli altri stranieri, anche perché sono presenti nel Paese in modo più consistente. Una differenza già evidente dal controllo passaporti: ai coreani infatti è riservata una corsia preferenziale. Gli altri passeggeri provenienti dal resto del mondo vengono definiti "non-giapponesi".

L'aeroporto in cui arriverete sarà probabilmente Narita, 60 km fuori Tōkyō, nella prefettura di Chiba. Progettato originariamente negli anni Sessanta prima che il Giappone diventasse una potenza a livello mondiale e prima dell'avvento dei Boeing 747, fu costruito su un'ampia area di terreno agricolo, e tale fu l'opposizione da parte dei contadini che dovettero passare anni prima che i lavori potessero essere ultimati. Quando infine venne inaugurato nel 1977, alcune delle aree interne erano coltivate, poiché alcuni agricoltori non erano ancora arrivati a un accordo con il governo. Recentemente l'aeroporto è stato dotato di un nuovo terminal, ideato dal brand Party con il supporto di Muji e Nikken, che si ispira al design dei campi di atletica, in onore delle olimpiadi tenutesi a Tōkyō nell'agosto 2021. I passeggeri in arrivo e in partenza si trovano quindi a camminare su un tracciato (rosso per i primi, blu per i secondi) in tartan, proprio come se stessero percorrendo la corsia di un impianto sportivo in piena regola.

Da Narita, raggiungere Tōkyō può essere un'impresa abbastanza lunga: con i normali mezzi di trasporto, si arriva in centro in due ore circa. Il modo più rapido e semplice è prendere il Narita Express, che vi porterà direttamente alla stazione centrale di Tōkyō in un'ora.

> ### Come leggere i segnali ferroviari
>
> Normalmente i segnali ferroviari indicano il nome della stazione in caratteri differenti, perché tutti quanti riescano a leggere (compresi i più piccoli che non hanno ancora imparato bene l'alfabeto *kanji* e gli stranieri, che non comprendono il giapponese). I caratteri della linea in alto sono *kanji*, seguono quelli *hiragana* e i *romanji*. In basso ci sono delle frecce che puntano a sinistra o a destra, a indicare il nome della stazione precedente e di quella successiva in *kanji*.

I trasporti pubblici

Rispetto ad altri Paesi, il sistema dei trasporti pubblici giapponese dipende largamente dalla rete ferroviaria: il rapporto passeggeri per km è il 30%, rispetto al 20% degli Stati Uniti e al 10% della maggior parte dell'Europa Occidentale. D'altro canto, in Giappone solo il 70% delle strade sono asfaltate, contro quasi il 100% dell'Europa. Fino al 1987, il sistema ferroviario era gestito dalla Japan National Railways, poi un programma di privatizzazione ha riorganizzato l'azienda in sei diverse compagnie regionali e una compagnia di trasporti sotto il nome di Japan Railways Group. Esistono inoltre molte altre aziende di trasporto che operano a livello regionale. Tōkyō e altre otto città, tra cui Ōsaka e Nagoya, sono dotate di una metropolitana.

Vista l'importanza mondiale che il Giappone ricopre in qualità di Paese industrializzato, il sistema ferroviario giapponese gioca una parte piuttosto rilevante e deve svilupparsi in sintonia con le esigenze stesse della sua popolazione. I treni sono sempre puntuali, nonostante la fitta rete di collegamenti che propone, e sul binario viene segnalato perfino il punto esatto in cui si apriranno le porte! I passeggeri sanno quindi esattamente dove attendere e, una volta arrivato il treno, possono salire in maniera rapida ed efficiente. Se infatti si verificasse un ritardo nella salita o nella discesa, ne risentirebbe tutto l'apparato. A questo proposito sono previsti dei particolari addetti in guanti bianchi, che nelle ore di punta si occupano di veicolare i passeggeri fuori e dentro dal treno nel minor tempo possibile: una cosa un po' grottesca dal nostro punto di vista, ma decisamente funzionale.

La distanza ravvicinata tra le persone nel vagone ha creato diversi problemi, non ultimo il fenomeno della "mano morta" di cui vengono fatte oggetto alcune donne, a opera dei *chikan*, i "molestatori" che approfittano dell'occasione. Nonostante i controlli compiuti dalle autorità, gli sforzi della polizia si sono rivela-

> ## Il mistero della mascherina sul volto (prima)
>
> I giapponesi possono essere definiti come i precursori della mascherina.
>
> Se oggi anche noi occidentali non ci sorprendiamo più di un volto "mascherato", prima non era così.
>
> Capitava infatti di vedere in fotografia o direttamente per le strade delle nostre città europee alcuni orientali con naso e bocca coperti da quelle mascherine bianche che oggi noi tutti conosciamo. Per quanto si possa pensare che l'inquinamento ne sia la motivazione, in Giappone in realtà questo avveniva principalmente per le allergie o per la paura di prendere o trasmettere malattie, anche di lieve entità come un raffreddore.
>
> Il sistema di mezzi pubblici giapponese è infatti molto efficiente (cosa che limita l'inquinamento) ma molto frequentato. Basta quindi veramente poco perché un semplice starnuto possa contagiare (e lo abbiamo visto) molte delle persone presenti a distanza ravvicinata nello stesso vagone.
>
> Si pensa che sia stata proprio un'epidemia di influenza all'inizio del Novecento a far diffondere questo uso: lo stesso che è accaduto da quest'altra parte di mondo.

ti quasi inutili per combattere questa "pratica", a cui però si è cercato di far fronte istituendo dei vagoni per sole donne.

Messaggi frequenti annunciano il nome delle singole stazioni e persino da quale lato della vettura si trova il binario. Gli annunci sono tutti in lingua giapponese, eccetto sullo Shinkansen[5] (il "treno lampo", letteralmente la "linea nuova"), in cui sono anche in inglese.

Poiché il tempo di fermata è breve, si consiglia di farsi strada per tempo tra i passeggeri per raggiungere l'uscita. È buona educazione tendere un braccio con il palmo verticale e muoverlo su e giù, leggermente inchinati, dicendo *"sumimasen"* ("permesso") o *"shitsurei shimasu"* ("scusate il disturbo"). E attenzione: anche sulla scala mobile, come in auto, si tiene la sinistra e non la destra.

I treni a lunga percorrenza sono provvisti di un buon servizio di ristorazione, mentre nei treni per i pendolari mangiare e bere non è visto di buon occhio. È vietato fumare sui binari, ma esistono alcune aree riservate ai fumatori (*kitsuen-kōna*).

Yakuza: il volto oscuro del Sol Levante

Gli *yakuza* fanno storicamente parte della struttura sociale del Giappone: sono malviventi estremamente addestrati, noti per avere la pelle tutta tatuata, muoversi in appariscenti limousine e per la mancanza della falange superiore del mignolo quale segno di distinzione.

La loro rete sofisticata controlla il racket delle estorsioni, della prostituzione e del traffico di droga. Sono

---

[5] Inaugurata nel 1964, la linea si estendeva inizialmente tra Tōkyō e Kyōtō, in occasione dei giochi olimpici. Ora copre la tratta a sud fino a Fukuoka (Kyūshū) e a nord fino a Morioka, nella parte settentrionale di Honshū.

inoltre coinvolti nell'industria delle costruzioni e gestiscono il mondo delle sale giochi di *pachinko*. Le numerose azioni intraprese dal governo nell'intento di porre fine alle loro attività si sono rivelate assolutamente vane, anche perché, come spesso succede anche altrove, godono della protezione e dell'appoggio di numerose figure influenti nel mondo della politica o della finanza governativa. Ciò permette loro di non doversi piegare a condurre un'esistenza nascosta o a non dare troppo nell'occhio: amano fare parlare di sé, vestono spesso alla moda e guidano costose automobili occidentali. La polizia giapponese si limita ad accettare la loro presenza e agisce soltanto nel caso si verifichino incidenti "seri".

Tuttavia, difficilmente vi accadrà di incontrarli nei quartieri frequentati da turisti o residenti stranieri.

La vita sociale

Le dimensioni medie della casa giapponese, di solito piuttosto ridotte, insieme a una cultura sempre pronta ad accogliere ogni esigenza, si sono dimostrati elementi rilevanti nel favorire la creazione di una serie di infrastrutture atte a offrire diverse modalità di svago. Non deve sorprendere che fino a pochi anni fa Tōkyō fosse la città con il maggior numero di caffetterie al mondo. Non deve sorprendere neanche che i giapponesi non trascorrano il loro tempo libero in casa, ma piuttosto in locali dall'atmosfera più o meno intima a cui sono particolarmente affezionati. Nei centri delle metropoli troverete un enorme numero di ristorantini e una grande quantità di bar dove *mama-san* – la proprietaria o chi gestisce il locale – cura la propria clientela con uno straordinario savoir-faire, una particolare destrezza nel trattare le persone e un'impeccabile disinvoltura professionale.

È piuttosto comune che i giapponesi esagerino con l'alcol, specialmente durante le cene tra colleghi. Essendo il loro metabolismo differente da quello di noi occidentali, per oltrepassare il limite ne è sufficiente una quantità relativamente contenuta. Per tradizione, ai bambini, agli ubriachi e agli stranieri vengono perdonate tutte le figuracce.

Tecnologia umana

Il Giappone dal punto di vista tecnologico è uno degli Stati di livello più avanzato. Nel 2018 un'èquipe di ingegneri, studiosi e ricercatori delle Università di Kyōtō e Ōsaka, in collaborazione con l'Atr institute international, ha compiuto studi approfonditi sulla mente e sui comportamenti umani per realizzare robot semiautonomi che si avvicinino il più possibile a noi. A questo scopo è stata creata Erica, un robot che parla, interagisce con l'esterno, ha una sua personalità. Si intende continuare a implementare le sue capacità di autonomia rendendola presto semovente.

La famiglia giapponese normalmente consuma il pranzo domenicale in uno dei tanti ristoranti a conduzione familiare che si trovano nel Paese, oppure facendo un picnic all'aria aperta.

Le basi dell'industria dell'intrattenimento e dei servizi sono rese sufficientemente salde grazie alla tradizione, che persiste con valori molto forti nella società e grazie ai molti fondi a essa destinati.

La geisha e l'arte dell'intrattenimento 芸者

Storicamente l'arte della *geisha*, o "professionista dell'intrattenimento", consisteva nel ballare, cantare ed eseguire semplici giochi di abilità e non aveva nulla a che fare col sesso, a meno che non si trattasse di clienti abituali. Sia in incontri di affari che in feste ed eventi speciali riservati a pochi partecipanti, la *geisha* doveva avere il ruolo di mantenere alto il morale di tutti evitando i contrasti, dosando il cibo e l'alcol per ogni commensale in caso di una cena, divertendo e rendendo piacevole con le sue esibizioni e con la sua sagacia l'evento al quale era stata invitata.

Tale arte era riservata a coloro che avevano le tasche sufficientemente profonde da potersi permettere lo spettacolo e da sempre è stata una pratica male interpretata dagli stranieri, nonostante la sua natura ambigua. L'industria del sesso e dell'intrattenimento erotico maschile è sicuramente un settore ampiamente sviluppato a Tōkyō, dove nel quartiere a luci rosse Kabukichō, oltre ai numerosi Love Hotel, gli uomini possono trovare le più varie e curiose forme di sollazzo (come i Soaplands, case da bagno in cui farsi lavare e insaponare da graziose addette in tenuta sexy). L'arte della *geisha*, però, ha sempre avuto poco o quasi niente da spartire con tutto questo.

In parte, il fraintendimento è dovuto al fatto che è molto raro – in passato era quasi impossibile – che uno straniero venga invitato a uno spettacolo, anche perché si ritiene che non saprebbe come comportarsi in tale occasione. Rappresenta inoltre uno degli aspetti che contribuiscono a fare del Giappone un "mondo a parte", e ai giapponesi piace continuare a essere considerati in questa maniera.

Le storiche case di *geishe* si trovano nel quartiere di Gion nella antica città imperiale di Kyōtō. Le ragazze venivano scelte molto giovani e prima di poter diventare *geishe* a tutti gli effetti dovevano seguire un lungo e rigi-

Tōkyō Love Hotel

Sesso, incontri clandestini, menzogne e sotterfugi di un "albergo a ore" nel Giappone contemporaneo, di questo parla il film *Tōkyō Love Hotel* di Hiroki Ryuichi (2014), ispirato al romanzo noir *La notte dimenticata dagli angeli* della scrittrice Natsuo Kirino (Neri Pozza, 2016).
Ambientato a Kabukichō, il quartiere a luci rosse della capitale, la trama copre l'arco di tempo di un giorno e una notte, sullo sfondo di un Love Hotel in cui si intrecciano le vicende dei sei protagonisti, ognuno con la sua storia e i suoi segreti, in un mix di erotismo, sensualità ma anche fine sentimentalismo.

do percorso di formazione, come le tradizionali forme di apprendistato. Una *maiko* (questo il nome delle aspiranti al titolo) doveva e deve tuttora impiegare anni di completa dedizione, come tra l'altro ci spiega benissimo il pluripremiato film *Memorie di una geisha* (2005) di Rob Marshall, basato sull'omonimo romanzo di Arthur Golden.

Il sesso veniva tradizionalmente praticato nello Yoshiwara, o "quartiere dei piaceri".

In questo contesto, occorre sottolineare che il concetto del nudo differisce notevolmente dall'idea che abbiamo in Occidente. L'essere nudo per i giapponesi non è motivo di vergogna (cosa che sperimenterete alla prima esperienza in un bagno pubblico o in un centro termale), non essendo stati influenzati dalla visione morale giudaico-cristiana del mondo. I giapponesi hanno quindi una disposizione generale verso il sesso e la sessualità allo stesso tempo più semplice e concreta della nostra, che spesso lo vede legato all'intrattenimento, alimentando il mercato della pornografia, che in Giappone ha molte meno restrizioni e limiti.

Inoltre la cultura dalle tinte "pastello", di cui si è parlato in precedenza, genera una specie di "indulgente elisione" laddove gli orientamenti sessuali sembrano spesso incontrarsi. L'essere gay o lesbica non ha una connotazione negativa ma positiva, tanto che allusioni e immagini provocatorie sono usate comunemente nella pubblicità.

In questo e in altri aspetti della cultura giapponese si riscontrano elementi paradossalmente in contrasto.

Basti pensare ai manga, che in Giappone sono utilizzati praticamente in tutti gli ambiti della comunicazione, anche per raccontare storie a sfondo religioso e per comunicare informazioni (vengono impiegati tuttora da alcuni ministri per emettere alcune direttive). Esiste una vasta serie di fumetti per bambini, ma esistono

---

Si ritira Maori Tetzuka, icona del porno giapponese

Un quarto degli uomini del Paese ha almeno 65 anni e consuma pornografia, preferendo star dai cinquanta anni in su. Maori ne era la regina incontrastata: la sua carriera è iniziata a settantun anni, dopo aver fatto la cantante d'opera. Un impiego, quello nel porno, iniziato quasi per caso grazie alla produzione Label Ruby che, intuita una naturale predisposizione ad apparire con grazia nei film del filone silver porn, ha chiesto alla matura signora di fare un tentativo "operativo" in assoluta tranquillità e nemmeno da protagonista. Era il gennaio del 2009 e il primo film andò benissimo. Nel 2018, a ottant'anni, la pornostar giapponese è andata in pensione. Anche perché il suo fidanzato, di diversi anni più giovane di lei, sembrava non apprezzare più la sua presenza in questo business.

«Non ho rimpianti, ma effettuare le riprese è diventato difficile, soprattutto quando l'attore non è il mio tipo» ha spiegato la donna durante un'affollata conferenza stampa tenutasi a Tōkyō. «Fare porno per me non è mai stata una questione di soldi, chissà, magari tra due o tre anni ritorno sul set» ha concluso poi, lasciando comunque un barlume di speranza nei suoi fan.

---

anche manga violenti o a sfondo esplicitamente erotico che il pendolare spesso compra alla stazione di partenza e cestina nella stazione di arrivo. Sarebbe infatti nonostante tutto impensabile portare in casa un giornalino con tali oscenità! D'altro canto, le riviste pornografiche importate dall'Europa o dagli Stati Uniti, prima di essere immesse in circolazione, vengono "ripassate" per ricoprire accuratamente con un evidenziatore nero indelebile tutte le immagini che mostrano le parti intime.

Il piacere di divertirsi

Fino a non molto tempo fa – almeno fino alla metà degli anni Ottanta – il concetto di "divertimento" era riservato ai benestanti o alle celebrità ed era pressoché sconosciuto ai più. Giocare a golf, a *pachinko* (una specie di flipper con regole tutte giapponesi), andare al cinema, mangiare al ristorante o fare jogging non era considerato divertimento puro, ma faceva parte di una serie di attività di svago atte a migliorare la propria forma fisica e mentale.

Tuttavia, a trent'anni di distanza, il divertimento è oggi parte integrante della vita di tutti i giorni molto più che in tanti altri Paesi industrializzati. Se si considera il numero limitato di giorni di ferie all'anno, i giapponesi si impegnano in questa attività con più "dedizione" rispetto a noi occidentali, complice la tendenza ad affrontare ogni cosa in modo sistematico ed estremamente organizzato. Sembra inoltre che i giapponesi abbiano una passione innata per tutto ciò che è moderno o ha il sapore di novità, non importa se si tratta della cultura cinese del VII secolo o della cultura americana contemporanea.

Come ci si può aspettare – ogni cosa che può essere documentata in Giappone viene monitorata e studiata – esiste un Centro nazionale di sviluppo del divertimento. Secondo un'indagine, il 1995 ha segnato un anno di svolta in quanto un grande numero di intervistati (35%) ha dichiarato che il divertimento era più importante del lavoro. Occorre qui sottolineare che le indagini sull'opinione pubblica dei cittadini non sono notoriamente attendibili, poiché in Giappone l'intervistato tende a dare la risposta che ci si aspetta di sentire.

È stato inoltre rilevato che i modi in cui l'intervistato trascorreva il tempo libero erano in ordine di preferenza: il turismo nazionale, mangiare al ristorante, fare gite in auto, il turismo internazionale. Per quanto riguarda quest'ultimo, un record è stato raggiunto nel 1994, quando 11,3 milioni di giapponesi si sono recati in vacanza all'estero. Tale cifra è andata via via declinando a causa della svalutazione dello yen e della recessione della fine degli anni Novanta.

Lavoro e tempo libero

Se per un giapponese determinate posizioni e qualifiche sono accessibili solo se il suo percorso di studi prevede istituti di istruzione di rango molto alto (a cui è decisamente difficile accedere, ma da cui non sembra difficile uscire), per uno straniero che voglia cominciare con un lavoretto molto semplice la sua vita in Giappone la procedura è abbastanza semplice. Esistono infatti gli uffici Hello Work, vere e proprie agenzie di collocamento (anche) per stranieri che aiutano, previa iscrizione gratuita, nella selezione della mansione e nel collegamento con aziende che potrebbero essere interessate al profilo. Il numero di giorni di vacanza dei giapponesi è mediamente due settimane all'anno, ma accade raramente che un lavoratore – operaio o impiegato che sia – prenda più di una settimana. Ci sono diversi giorni festivi, più di quelli italiani, ma non esistono lunghi periodi di pausa come succede in Italia ad agosto (sebbene anche da noi questa abitudine si stia lentamente modificando). Il periodo di ferie più lungo è la *Golden Week*: una settimana piena di vacanze dal 29 aprile al 5 maggio. La celebrazione è stata istituita nel 1948, in occasione del compleanno dell'imperatore del periodo Shōwa. L'etica professionale e lo spirito di gruppo, assieme all'attesa della promozione, continuano a influenzare le decisioni delle persone sulla quantità di tempo da trascorrere lontano dal luogo di lavoro (con conseguenze non sempre positive sia per l'individuo che per la società).

Nell'ambiente di lavoro lo spirito di gruppo è un dato di fatto che viene continuamente ribadito con strumenti quali la determinazione di obiettivi, l'inno dell'azienda, le uscite con i colleghi dopo il lavoro, le varie attività organizzate. Questo contribuisce a consolidare lo spirito di gruppo e il senso di appartenenza.

Non è un caso che il *karaoke* sia stato inventato in Giappone negli anni Ottanta e continui tuttora a furoreggiare, specie durante le serate tra colleghi. Ovviamente, ciò che conta non sono le capacità canore dell'individuo, ma la determinazione nel prendere in mano un microfono e fare finta di essere un grande cantante. L'importante è partecipare e farsi una risata!

Vita e cultura: concetti di estetica giapponese

Linee semplici, essenzialità, colori tenui e monocromatici, assenza di eccessivi ornamenti o decorazioni: questo caratterizza il senso estetico giapponese, basato sul concetto di *mono no aware* (物の哀れ). Un concetto lontano dalla nostra realtà e quindi difficile sia da capire che da spiegare, ma che indicativamente è legato alla sensibilità del singolo e che non ricerca una bellezza che possa essere oggettiva, ma che possa ritrovarsi in qualunque cosa, in dipendenza dalla soggettività con cui questa viene guardata.

Nello stesso termine è contenuto il significato di *aware* (哀れ), anch'esso complicato da definire, ma che possiamo provare a spiegare utilizzando l'esempio presente nel volume *La mente giapponese*, a cura di Roger J. Davies e Osamu Ikeno[6]. In Occidente i fiori sono apprezzati nel loro momento di fioritura, quando sono sbocciati e i petali aperti splendono di vita e colore, mentre non è considerato generalmente "bello" il momento in cui avvizziscono, si afflosciano, si spengono. Anche in Giappone i fiori vengono naturalmente apprezzati nel momento in cui sono sbocciati e vigorosi, ma il loro deperirsi conserva comunque quella forma di bellezza conosciuta come *aware*, quando dunque il loro fascino più esteriore lascia il posto a quello più malinconico legato all'"invecchiare", all'affievolirsi graduale della bellezza originale stessa. Rimanda quindi a una forma di apprezzamento estetico legato al normale fluire del tempo, al naturale corso di decadimento della natura, una bellezza "malinconica" collegata all'interiorità più che all'aspetto visivo in sé e per sé dell'oggetto.

Tale concetto è facilmente individuabile nei racconti popolari, dove alla bellezza visiva degli elementi naturali sotto l'influenza delle stagioni (animali, piante e fiori rigogliosi per estate e primavera, cristallizzati e coperti da un tenero manto di neve o foglie dai colori caldi per inverno e autunno) si affianca lo charme della protagonista, che spesso deve sopportare dolori e sofferenze con resilienza e senza rancore o desiderio di vendetta; una bellezza quindi "malinconica" che riprende il concetto di *aware*.

---

[6] Roger J. Davies, Osamu Ikeno (a cura di), *La mente giapponese*, Roma, Meltemi Editore, 2007.

Wabi e sabi 侘寂

Un altro concetto che influenza i canoni estetici giapponesi è il *wabi-sabi*: indica una visione contemplativa del mondo e della vita, lontano dalle vicende di tutti i giorni.

Il termine deriva dal verbo *wabu* (languire) e dall'aggettivo *wabishi* (solitario), e inizialmente indicava la triste condizione di una persona che subisce avvenimenti avversi. Nato dalla tradizione eremitica medievale, identifica un tipo di bellezza semplice e austera, e uno stato della mente sereno e trascendentale. Entrambi i termini sono influenzati dalla filosofia buddhista nello sviluppo del loro significato, soprattutto legati al concetto del *mu* (無), "vuoto". La bellezza del *wabi-sabi* è quindi quella della cerimonia del tè, in cui si celebra il vuoto appunto, la mancanza di ornamenti, la semplicità delle linee e delle forme. È un concetto presente anche nell'*haiku*, dove rappresenta il fascino dettato dal passare del tempo, una forma di bellezza che scaturisce dalle immagini interiori che l'*haiku* suggerisce.

Le nuove generazioni vanno tuttavia modificando il loro senso estetico, adeguandosi sempre di più a quello occidentale e imitandolo, non solo nei suoi usi e abitudini, ma anche nella musica, nell'arte e nella moda. I vestiti tradizionali sono sempre più frequentemente indossati alle celebrazioni o alle cerimonie solenni, o in tutti gli eventi in cui sia richiesta una certa formalità, mentre gli abiti occidentali (*yōfuku*) vengono sempre più spesso usati (anche per la loro comodità e per la libertà dei movimenti che permettono) nella vita di tutti i giorni.

"Interno" ed "esterno"

Uno dei paradossi dell'"omogeneità" e del "consenso" apparenti è il modo in cui comunità grandi e piccole sono costrette in comportamenti che rivelino un senso di fedeltà al gruppo, in riferimento a vincoli gerarchici ben definiti. Questo senso di appartenenza in ambito sociale crea una serie di circoli chiusi uno dentro l'altro: a seconda della posizione ricoperta o del proprio status, una persona si troverà sempre e comunque all'interno o all'esterno di un gruppo. Lo stesso accade in politica e nel mondo degli affari. Un individuo è membro di una particolare azienda e al contempo membro di un particolare dipartimento, che può – come accade spesso – essere in aguerrita competizione con altri dipartimenti.

Ciò che è "esterno", come abbiamo già detto, è considerato estraneo e quindi vagamente ostile, mentre ciò che si trova all'interno è "accogliente" e "intimo" e richiede un atteggiamento differente.

In casa si viene accolti con frasi di saluto standardizzate (a cui si risponde con frasi standardizzate); nell'atrio (*genkan*) si cambiano le scarpe e si indossano le pantofole prima di entrare. All'interno, i divisori sono sottili, spesso mobili e non coprono i rumori provenienti dalle stanze adiacenti. I bambini giapponesi crescono quindi imparando a convivere in uno spazio ridotto, a "girare lo sguardo" o a "non ascoltare" quando necessario.

Uno degli aspetti più evidenti del comportamento "interno" ed "esterno" agli occhi di chi visita il Giappone per la prima volta è l'uso, o meglio, l'abuso dei trasporti pubblici. La confusione che trovate su treni e aerei al termine di un viaggio è un segno chiaro del fatto che entrambi rappresentano un spazio "esterno" e sono utilizzati di conseguenza.

Riservatezza e spazio personale

Il Giappone è stato descritto come una cultura dalle tinte color pastello, più che dalle tinte forti, in cui concetti e idee tendono a fondersi gli uni nelle altre e il cui modo più appropriato per rapportarsi con l'esterno sembra essere invariabilmente quello indiretto, composto e pacato (talvolta "silenzioso"). I giapponesi non sono per natura un popolo rumoroso o tendente al confronto. Molte cose non vengono esternate, ma solo percepite internamente (vedi *haragei*) e particolarmente sentito è il concetto di spazio personale e privato.

Non sono ben viste manifestazioni di affetto in pubblico, eccetto nei confronti dei bambini: rischiereste di mettere in imbarazzo la persona che vi accompagna, o comunque di essere guardati con disapprovazione. Anche il contatto fisico è motivo di imbarazzo, fatta eccezione per i momenti di svago o mentre vi trovate a bere qualcosa in un gruppo di soli uomini. Anche se oggi i giovani sono molto più aperti nei rapporti sociali e nella maniera di esprimersi in pubblico, la tendenza comune è quella di mantenere le distanze ed evitare il contatto visivo. Indicare oggetti e persone è considerato offensivo. Si può invece attirare l'attenzione muovendo tutta la mano con il palmo rivolto verso l'alto, ma sempre senza indicare.

Nel presentarsi tra di loro i giapponesi si inchinano, ma ai *gaijin* (gli stranieri) normalmente stringono la mano e tentano di combinare la stretta con un accenno di inchino. Se non vi viene data la mano, imitate l'inchino alla stessa maniera del vostro interlocutore e con la stessa frequenza, abbassando il busto e mantenendo le braccia dritte con i palmi delle mani lungo i fianchi.

La casa giapponese

Complici anime e manga che hanno contribuito a plasmare la nostra idea del Giappone, siamo inclini a immaginare che i giapponesi abitino tutti in delle specie di villette indipendenti, con graziose pareti di legno e carta di riso, circondate da un piccolo giardino in cui prolificano i ciliegi in fiore. Se pensiamo però un istante a come deve essere Tōkyō, ci accorgiamo subito che questa visione idilliaca, pur rispecchiando quella che era l'abitazione tradizionale giapponese, non è più la norma per molti dei suoi abitanti contemporanei.

In Giappone circa il 60% delle abitazioni è di proprietà. Il 34% approssimativamente è affittato da privati, mentre il resto è posseduto da aziende o autorità locali a uso dei propri dipendenti. La percentuale di

---

Se sarete invitati in una casa giapponese, ricordate:

• Prima di entrare in casa toglietevi le scarpe e lasciatele nel corridoio (*genkan*). Nel *genkan* troverete un paio di pantofole da indossare, che però potrebbero essere un po' piccole per i vostri piedi.

• Prima di entrare in una stanza il cui pavimento è coperto da *tatami*, toglietevi le pantofole e camminate a piedi scalzi. Vista la finezza e la fragilità del materiale, apparirà chiaro che non è una buona idea camminare in casa con le scarpe. Si consiglia inoltre di indossare sempre calzini puliti, nel caso dobbiate entrare in una *stanza tatami*.

• La posizione tradizionale di rilassamento, seduti su una gamba, può diventare estremamente dolorosa per chi non vi è abituato (compresi molti giovani giapponesi). In alternativa, gli uomini possono sedersi a gambe incrociate, mentre le donne (a meno che non indossino jeans o pantaloni) dovrebbero sedersi di traverso sulle proprie gambe.

• Entrando nella stanza da bagno, cercate le pantofole apposite per questa stanza, spesso marcate con le lettere W e C. E non dimenticatevi di indossare nuovamente le vostre pantofole una volta usciti!

---

appartamenti in affitto aumenta nelle aree metropolitane principali, dove acquistare una casa è un sogno che hanno in molti (cioè tutti coloro che hanno un lavoro), ma sta diventando sempre più difficile da realizzare a causa dei costi proibitivi del mercato immobiliare. La maggior parte di quanti lavorano nelle grandi città abita in appartamenti o condomini (*danchi*), spesso anche estremamente piccoli. Sono diventati famosi tra i viaggiatori i Capsule Hotel, alberghi che propongono posti letto di qualche metro quadrato incastonati nella parete. Oltre all'esperienza particolare che offrono, sono molto economici rispetto alla media di Tōkyō.

Chi vive in periferia, invece, potrà avere probabilmente una casa più grande e più spaziosa, ma deve affrontare viaggi anche di un'ora a tratta per recarsi al lavoro.

Le case tradizionali giapponesi erano originariamente costruite in legno e paglia, con porte e finestre scorrevoli e tetti sporgenti per difendersi dalla pioggia, dalla neve e dal caldo. Il mobilio era sobrio: c'erano solamente alcuni *tansu* (bellissimi bauli portatili), ma niente letti o sedie. Il pavimento della stanza principale era ricoperto da *tatami* (stuoie di riso), ci si sedeva su cuscini, attorno a tavolini bassi. Per dormire la notte, si stendevano sul pavimento materassi spessi (*futon*) e lenzuola che durante il giorno venivano tenuti in armadi a muro. Sostanzialmente una sola stanza fungeva, oltre che da sala da pranzo, anche da salotto e camera da letto.

La casa moderna si estende su due piani ed è ancora costruita in pannelli di legno (su cui viene applicato un leggero strato di intonaco), sia come misura di sicurezza contro i terremoti che per motivi economici. I tetti di tegole hanno sostituito la paglia. La maggior parte delle famiglie, anche quelle che abitano in condominio, hanno creato un ambiente chiamato *stanza tatami*, che ha la funzione di mantenere vivo il legame con la tradizione. Questa stanza ha porte scorrevoli e un *tokonoma* (letteralmente "posto della bellezza"): una nicchia in cui sono deposti un tronchetto o sezione d'albero senza corteccia che si eleva dal pavimento al soffitto, un rotolo di carta di riso con un'immagine appesa e

---

Marie Kondo e Nagisa Tatsumi: l'arte di buttare arriva dal Giappone

«*Does it sparks joy?*», questo è il motto su cui si basa il metodo "Konmari", inventato dalla sacerdotessa dell'organizzazione in casa Marie Kondo, nel suo volume *Il magico potere del riordino* (edito in Italia da Vallardi), che ha conquistato milioni di seguaci (150mila copie vendute in Italia, oltre due milioni nel mondo).

Seguaci, perché quella di Marie Kondo è una vera e propria religione, con regole e precetti da rispettare e da seguire accuratamente. Il principio cardine? Buttare via tutto quello che non ci dà gioia, fondamento che la guru ha appreso a sua volta da Nagisa Tatsumi, che ha spopolato in patria con il suo volume *L'arte di buttare* (edito in Italia sempre da Vallardi).

---

infine un'*ikebana* (composizione floreale) sistemata sul pavimento.

Nel pavimento di alcune stanze arredate in stile antico, sotto al tavolino, c'è una rientranza che serve per appoggiare le gambe, dove in inverno viene posto uno scaldino (*kotatsu*), che in passato era alimentato con carbone – spesso causa di incendi – mentre oggi si utilizza quello elettrico. A volte i cuscini hanno la forma di braccioli, così che ci si può rilassare come se si fosse in poltrona.

Il bagno giapponese

L'*o-furo* (お風呂) o bagno caldo (non si trova mai nella stessa stanza del gabinetto, o almeno così voleva la tradizione) è una delle esperienze giapponesi più intense che consigliamo di non perdere. L'ospite sarà il primo ad avere il piacere di entrare nella vasca, poiché l'acqua è più calda. Il processo di immersione e il conseguente scivolare dentro molto lentamente per arrivare a sedersi sul fondo è a dir poco complesso, ma bisogna assolutamente provarlo. Così come si deve provare l'esperienza di entrare in uno dei tanti centri termali che si trovano nel Paese, in cui il rituale del bagno si svolge allo stesso modo.

Rispetto alle nostre usanze, la vasca da bagno ha in Giappone un uso differente. Ci si lava con una bacinella e del sapone all'esterno della vasca, in cui ci si immerge solo dopo essersi sciacquati con cura.

Il wc in stile giapponese si utilizza invece mettendo-si accovacciati. Per molti occidentali non rappresenta una posizione particolarmente comoda, ma è igienico. Da notare che la cassetta dello scarico (che troverete di fronte a voi) è dotata, per lavarsi le mani, di un rubinet-to la cui acqua viene riconvogliata nella cisterna.

Non solo sushi: la cucina giapponese

Due elementi essenziali: riso e pesce. La dieta giappo-nese non è stata influenzata dall'utilizzo delle spezie che fanno gli Stati confinanti del sud-est asiatico, in cui si consuma prevalentemente carne. È interessante notare che molti visitatori nell'adattarsi alle abitudini culinarie del luogo provano una sensazione di depura-zione del sistema digestivo. La leggerezza e la raffina-tezza delle pietanze nipponiche è anche alla base del grande successo che questa cucina ha avuto all'este-ro, dove piatti come sushi e ramen ormai hanno rag-giunto un successo enorme. Quest'ultima è una zuppa originaria della Cina, a base di brodo, noodles, *tare* e condimento, di cui esistono diverse varietà e che molti chef sperimentano in sempre nuove combinazioni. La cosa fondamentale è che gli ingredienti al suo inter-no siano equilibrati e che esaltino il sapore *umami*, il quinto gusto (dopo dolce, salato, amaro, acido) perce-pito dalle nostre papille.

Anche nel Paese del Sol Levante, tuttavia, durante gli ultimi trent'anni si è assistito a un processo di americanizzazione della dieta, che si è manifestato in particolare nell'aumento del consumo di carne (specialmente hamburger), pane e patate, attraverso i numerosi fast food presenti nelle maggiori città. Si possono facilmente prevedere gli effetti che questo fattore ha scatenato nella vita dei giovani, specialmente per quanto riguarda la concezione del "mangiare" e del "pasto". Tuttavia, le modifiche nella dieta tradizionale hanno avuto effetti notevoli sull'altezza e sulla corporatura media dei bambini, nell'arco di poco più di due generazioni. Ad esempio, l'altezza media dei bambini di 12 anni è cresciuta da 136 cm nel 1950 a 153 cm nel 2000, e da 137 cm a 152 cm nelle bambine. Un aumento di più del 12%, che non è esattamente da attribuirsi al cibo poco sano dei fast food, quanto piuttosto al consumo di carboidrati e proteine, dovuto all'abitudine introdotta nel dopoguerra di fare colazione con cereali, latte, pane tostato, pancetta e uova.

I giapponesi hanno assorbito nella propria tradizione diversi tipi di cibi importati dall'estero, pur riadattandoli alla loro cultura e alla loro concezione degli alimenti, molto differente dalla nostra. Quando ad esempio quattro secoli fa i portoghesi introdussero il *tempura* (pesce e verdure fritte nell'olio), i giapponesi riadattarono il modo di friggere che era giunto con lo straniero: l'alimento viene decorato da un leggero merletto di impanatura, creata da un impasto di farina e ac-

> **Bentō**
>
> Una specie di vassoio-contenitore con coperchio, di varie for-
> me e materiali (di solito plastica o cartone), che contiene cibi
> e bevande di diverso tipo, dai tagliolini al riso, ai sottaceti, ai
> dolci, oltre a bastoncini, tovaglietta e tutto il necessario per il
> pasto. Preparato in casa o comprato fuori, ha come elemento
> essenziale l'estetica: spesso il cibo all'interno del box è dispo-
> sto e decorato in modo che sia piacevole allo sguardo o che
> imiti personaggi di manga e anime.

qua frizzante e fredda, e cotto nell'olio caldo, restando
così estremamente leggero. La dieta locale comunque
continua a comprendere un pasto di tradizione giapponese al giorno.

Dopo la Restaurazione Meiji, per incoraggiare il popolo a mangiare carne, come facevano gli occidentali,
fu introdotto il *sukiyaki*, un piatto nuovo fatto di strac-
cetti di bistecca con contorno di cipolle e altre verdure
cotte in una pentola di ferro a fuoco vivo. Sebbene la
carne sia ormai entrata a far parte della dieta quotidiana, non si può dire che i giapponesi vadano matti per il
manzo, anche perché i prezzi di acquisto di questo alimento sono infatti qui decisamente spropositati, a causa
della scarsità di terreni destinati al pascolo e dei costi
elevati delle importazioni del bestiame. Fino alla fine
dell'Ottocento, poi, mangiare carne era ritenuto incom-
patibile con i valori buddhisti.

La varietà più costosa è il manzo di Kōbe, i cui metodi di allevamento fondono realtà e leggenda: pare infatti che gli animali siano nutriti con grano e birra, e vengano massaggiati e accarezzati con un guanto di crine per rendere la carne più tenera e fare in modo che abbia una miscela di grasso e muscolo molto inframmezzata, tale da presentare il conseguente tipico aspetto marmorizzato.

Armonia in cucina

Non è solo nella sostanza, ma anche nella stessa presentazione che il cibo giapponese si differenzia formalmente da quello occidentale. Se da noi i ristoranti di classe danno sempre più rilievo alla composizione, in Giappone questa è una parte essenziale del piatto. I cibi portati a tavola sembrano quindi tanti piccoli tasselli di un mosaico o di un quadro agglomerati insieme sullo sfondo di un vassoio scuro. L'imperativo è che nel complesso il piatto così assemblato risulti armonico, che vada a colpire il senso estetico e le percezioni del commensale.

Al cibo si attinge senza un ordine preciso (un po' di riso, un morso di pesce, un sorso di minestra), senza la scansione definita tra antipasto, primo, secondo e contorno cui siamo abituati in Occidente, dove ci si concentra invece su una portata sola, che deve essere corposa, sostanziosa, una forma unica in cui tutti gli ingredienti sono amalgamati insieme, secondo un processo che avviene "dietro le quinte", nella cucina dove lo chef ha compiuto la trasformazione mescolando tutti i componenti secondo la sua arte. In Giappone il cibo viene invece posto in tavola al suo stadio più "grezzo", lasciando a chi si nutrirà di lui il piacere di assemblarlo a suo piacimento, di creare la sua personale portata.

L'utilizzo dei bastoncini stessi è espressione di un profondo rispetto per la materia al suo stato naturale e puro: gli alimenti non vengono lacerati dalla lama del coltello né infilzati dalla punta della forchetta, ma sollevati con delicatezza e infilati in bocca senza alterarne le caratteristiche originali.

O-Shibori – La salvietta calda

In molti locali, prima della pietanza, vi sarà data una salvietta di stoffa bianca ripiegata (*o-shibori*), calda in inverno e calda o fresca in estate. Forse avrete già potuto approfittare di questa piacevole consuetudine durante il viaggio aereo verso il Giappone.

• Togliete la salvietta dalla bustina e apritela. Gli uomini possono passarsela sul viso (cosa incredibilmente rinfrescante), prima di utilizzarla per mani e braccia.

• Le donne normalmente la utilizzano per sciacquarsi soltanto le mani.

• È possibile ripiegare l'*o-shibori* e riutilizzarlo in seguito durante il pasto per passarlo tra le dita.

Jirō Ono, il re del sushi di Tōkyō a cena con Bottura

Ha oltre novant'anni, è il proprietario del leggendario e pluristellato Sukiyobashi Jirō a Ginza, Tōkyō, e non lo abbandona mai, come non abbandona la sua città. Ma per incontrare Massimo Bottura, Jirō Ono ha fatto un'eccezione e si è recato a Nobeoka. Questo perché tra i due sussiste un profondo rispetto: l'infallibile palato di Bottura gli ha permesso di entrare nelle grazie dell'anziano maestro giapponese, che lo fa accomodare nel suo affollatissimo locale anche senza prenotazione. E Jirō Ono non è uno che dispensa facilmente privilegi: anche Barack Obama è entrato nella sua lista nera dopo aver avanzato un sushi a metà. Invece Bottura non sbaglia un colpo, indovinando sempre il capolavoro tra i set che Jirō gli propone.

Il segreto del suo sushi formidabile? A sorpresa, non starebbe nel pesce, ma bensì nel riso…

Il riso e il pesce

Le piogge frequenti e le estati calde permettono di coltivare facilmente il riso, alimento base della dieta giapponese, in particolare nelle pianure settentrionali dell'isola di Hokkaidō, che ne è una delle maggiori produttrici. Oltre il 70% del territorio nazionale è però coperto da foreste, e l'area sufficientemente pianeggiante per gli insediamenti umani e l'agricoltura equivale quindi a meno di un quarto di territorio: nel corso dei secoli i giapponesi si sono quindi dovuti ingegnare nella costruzione delle risaie a terrazzo. Nel sud del Giappone queste si innalzano dai pendii delle montagne e dall'alto sembrano nastri che si intrecciano sinuosi.

Come abbiamo visto, le coltura del riso ha permeato la cultura giapponese e la gestione dei suoi spazi, arrivando a rappresentare lo spazio coltivato e quindi quello destinato alle normali attività umane, in contrapposizione al selvaggio e incontaminato, patria del sacro, degli spiriti, del divino.

Il riso ha svariati vantaggi, a partire da un basso contenuto di colesterolo fino al fatto che può essere coltivato nello stesso campo anno dopo anno. La sua stessa ciclicità e la stabilità che si prevede perché il raccolto vada a buon fine sono diventate parte integrante della visione della vita in Giappone.

A partire dall'ottavo secolo, fino alla Restaurazione Meiji del 1868, quando il Giappone fu diviso in 68 distretti amministrativi – o province – dal principe Shōtoku, il riso ha costituito moneta di scambio. La reputazione e il benessere delle province stesse dipendevano dalla quantità di riso che riuscivano a produrre ed esse venivano tassate in proporzione (sempre in riso ovviamente). Non deve sorprendere il fatto che, per mantenere lo status quo e lo stile di vita giapponese, il governo continui a proteggere e favorire i produttori di riso.

L'altro alimento base della dieta giapponese è il pesce, che fornisce il 50% della razione giornaliera di proteine. Sono molto apprezzati i calamari, i gamberetti, i granchi e molti altri frutti di mare che provengono dalle zone costiere delle isole. A questo tipo di pesca si aggiunge quella del tonno in mare aperto e la controversa caccia alla balena (utilizzata come cibo solamente da un numero ristretto di comunità). La carcassa del cetaceo catturato e scarnificato veniva un tempo utilizzata quasi interamente per diversi fini, compresa la creazione di utensili per le acconciature femminili. Il largo consumo di carne di balena è relativamente recente e si deve essenzialmente ai progressi tecnologici compiuti nell'industria ittica.

La pesca tradizionale, unitamente all'allevamento di svariate qualità di pesce, ostriche, cozze e gamberi e la coltura di alghe a uso alimentare, occupa una posizione di rilievo nell'economia.

Tra le prelibatezze a base di questo alimento della cucina giapponese sono da menzionare il *sashimi* (fettine di pesce crudo condite con salsa di soia e rafano, detta *daikon*) e il *sushi* (rotolini di pesce crudo avvolti in riso e alghe essiccate, insaporiti spesso da mostarda e zenzero), il piatto di pesce giapponese più famoso e più esportato. Il *sushi* di qualità rimane comunque piuttosto costoso. Come ci si può aspettare, in Giappone esistono però una infinità di altri piatti di pesce e di frutti di mare. Se mangiato bollito o fritto, questo alimento potrà avere un gusto che vi sembrerà piuttosto familiare. Quello crudo, invece, se assaggiato per la prima volta, ad alcuni potrà dare un senso di repulsione, altri lo troveranno simile alla consistenza della carne cruda – che sia tonno, abramide rosso di mare o salmone – ma, accompagnato con salsa di soia e di rafano caldo, potrà rappresentare fin dal principio un'esperienza sublime.

Il più grande mercato del pesce del Giappone, lo Tsukiji, si trova a Tōkyō e merita davvero di essere visitato. La freschezza dei prodotti è di prima categoria, tanto che la ferrovia arriva direttamente dentro il mercato, così che i treni possono portare il pesce a destinazione in ogni parte del Paese nel minor tempo possibile.

Tutti pazzi per il *sake*

Dopo la sushimania, sta approdando in Italia la passione anche per il *sake*, che può vantare già un festival a lui dedicato, inaugurato nel 2016, il **Milano Sake Festival**, organizzato dall'associazione culturale **La via del sake** (www.laviadelsake. it). Nonostante le difficoltà di importazione e il facile deperimento della bevanda (non è più bevibile un anno dopo il suo imbottigliamento), stanno nascendo cantine e rivenditori specializzati, come **Milanosake** (www.milanosake.it) e **Firenzesake** (www.firenzesake.com).

Il sake 酒

Il *sake*, il tradizionale vino di riso, viene prodotto in diverse regioni del Giappone e possiede caratteristiche precise a seconda della provenienza. È possibile scegliere tra *sake* secchi, medi e dolci, per meglio accompagnare cosa state assaporando. Servito normalmente in bicchierini di porcellana con il bordo cosparso di sale, se bevuto da solo è leggermente caldo (la bottiglia di *sake* viene tenuta in acqua tiepida) o a temperatura ambiente. D'estate viene servito anche fresco.

Il *sake* non si conserva tanto a lungo come il vino, per cui non esistono *sake* di annate pregiate. Il processo di fermentazione inizia in autunno dopo la raccolta del riso e viene completato nel febbraio dell'anno seguente. Il prodotto viene poi fatto riposare durante tutta l'estate e viene messo in vendita a ottobre, nel momento in cui raggiunge la piena maturazione.

Si beve *sake* in occasione di molte feste e situazioni formali, tra cui la cerimonia del *san-san-kudo*, o "tre volte tre" (durante la celebrazione del matrimonio la sposa e lo sposo bevono dal bicchiere del *sake* tre sorsi per tre volte, nove in totale), ai funerali, quando nasce un bambino, durante i *matsuri* e persino durante eventi quali l'apertura di un nuovo ufficio o di un'impresa. Non deve stupire che in Giappone, come ha detto qualcuno, si produca a malapena *sake* a sufficienza per far fronte al fabbisogno annuale: questa bevanda si può conservare, ma dopo un certo periodo di tempo perde il grado alcolico e diventa una specie di sciroppo dolciastro.

Gli ingredienti base della cucina giapponese
Ecco alcuni degli alimenti base che si possono ritrovare in moltissimi se non tutti i piatti della tradizione giapponese, e che anche noi abbiamo imparato ad amare:

Katsuobushi (**tonno striato essiccato**). È l'ingrediente base del brodo giapponese. Il tonno viene essiccato in modo da poter essere grattugiato direttamente nel brodo.

Miso (**pasta di soia**). È usata in tutti i tipi di piatti giapponesi. Tradizionalmente si mangia in brodo per colazione e, con l'aggiunta di zucchero, costituisce l'ingrediente base per molti dolci giapponesi.

Shōga (**zenzero**). Grattugiato o a fettine, viene usato per dare sapore alle zuppe o ai condimenti.

Shōyu (**salsa di soia**). È il condimento più diffuso. Esiste la versione chiara (*usukuchi*) o scura (*koikuchi*). Le salse di soia che si trovano in Occidente sono normalmente più forti di quelle tradizionali giapponesi.

Tofu (**formaggio di soia**). Tortini di formaggio dal gusto delicato fatti con semi bianchi di soia ridotti in poltiglia.

Wasabi (**rafano**). Leggermente più forte della variante europea, è usato in polvere o grattugiato per guarnire il *sashimi* e il *sushi*. Il rafano propriamente detto è chiamato *daikon* o "grande radice".

Bibliografia

Barthes, Roland, *L'impero dei segni*, Torino, Einaudi, 1984

Calza, Gian Carlo, *Stile Giappone*, Torino, Einaudi, 2002

Davies, J. Roger; Osamu, Ikeno (a cura di), *La mente giapponese*, Roma, Meltemi Editore, 2007

Greenfeld, Karl Taro; Takamatsu, Shin, *Baburu. I figli della Grande Bolla*, Torino, Instar libri, 1995

International Internship Programs, *Il Giappone a colpo d'occhio*, Bologna, Kappa Edizioni, 2006

La Pina; Giunta, Federico, *I Love Tokyo*, Milano, Vallardi, 2017

Macfarlane, Alan, *Enigmatico Giappone*, Torino, EDT, 2010

Nakagawa, Hisayasu, *Introduzione alla cultura giapponese – Saggio di antropologia reciproca*, Milano, Mondadori, 2006

Nooteboom, Cees, *Cerchi infiniti – viaggi in Giappone*, Milano, Iperborea, 2017

Pastore, Antonietta, *Leggero il passo sui tatami*, Torino, Einaudi, 2010

Ponticiello, Roberta; Scrivo, Susanna, *Con gli occhi a mandorla – Sguardi sul Giappone dei cartoni e fumetti*, Roma, Tunuè, 2005

Raveri, Massimo, *Itinerari nel sacro – L'esperienza religiosa giapponese*, Venezia, Libreria Editrice Cafoscarina, 2006

Ringraziamenti

Si ringraziano per la loro testimonianza e per la loro collaborazione Giustina Porcelli, Stefano Bettera, Francesca Prato e il Consolato del Giappone in Italia, Luca Catalfamo di Casa Ramen e Casa Ramen Super.

Guida alla pronuncia

La pronuncia giapponese è piuttosto semplice anche se bisogna tenere conto di alcune piccole differenze rispetto all'italiano.

Ad esempio:

- **s**: è sorda come nella parola *sasso*
- **h**: viene pronunciata in maniera leggermente aspirata, come in inglese
- **f**: è leggermente aspirata, una sorta di via di mezzo tra le lettere *h* e *f*
- **y**: si legge come la *i* in italiano
- **r**: la pronuncia è a metà tra la *r* e la *l*
- **ch**: al contrario dell'italiano è una *c* dolce, quindi *chi* si pronuncia come *ci* di *ciao*
- **sh**: si pronuncia come *sc* di *sciare*
- **j**: si pronuncia come una *g* dolce, per esempio come la *g* di *gioco*
- **g**: la pronuncia è sempre dura, per cui *gi* viene letto come *ghi* di *ghiro*
- **z**: viene pronunciata dolce, non dura come la *z* di *zona*

C'è da dire anche che il verbo essere です (*desu*) si pronuncia quasi sempre "*des*" e allo stesso modo i verbi che finiscono con ます (*masu*) si pronunciano "*mas*".

Glossario

TERMINI DI BASE		
Italiano	Giapponese	Pronuncia
Sì	はい	Hai
No	いいえ	Iie
Grazie	ありがとうございます	Arigatō gozaimasu
Ciao	こんにちは	Konnichiwa
Arrivederci	さよなら	Sayonara
Buongiorno	おはよう	Ohayō
Buonasera	こんばんは	Konbanwa
Buonanotte	お休みなさい	Oyasuminasai
Mi scusi	すみません	Sumimasen
Mi dispiace	ごめんなさい	Gomen nasai
Come stai?	お元気ですか	O genki desu ka?
Non capisco	わかりません	Wakarimasen
Come ti chiami?	お名前は？	O namae wa?

Piacere di cono-scerla	よろしくお願いします	Yoroshiku one-gaishimasu
Non capisco / non parlo giapponese	日本語がわかりません	Nihongo ga wakarimasen
Parla inglese?	英語が 話せますか	Eigo ga hanase-masu ka
Quanto costa questo?	これはいくらですか	Kore wa ikura desu ka
Vengo da…	…から来ました	… Kara kima-shita
Che ore sono?	何時ですか	Nanji desu ka
Buona fortuna! / Metticela tutta	頑張ってください	Ganbatte kuda-sai

Emergenze		
Italiano	Giapponese	Pronuncia
Aiuto!	助けて	Tasukete!
Mi porti all'ospedale per favore?	病院に連れて行ってください	Byōki ni okureteittekudasai
Chiama un'ambulanza / un dottore per favore!	お医者さん／救急車を呼んでください	O-ishasan / kyūkyūsha o yondekudasai
È un'emergenza	急患です	Kyūkan desu
Non mi sento bene	気分が悪いです	Kibun ga warui desu
Sono allergico	アレルギーあります	Arerugī arimasu
Dove si trova la farmacia / l'ospedale?	薬局／病気はどこにありますか	Yakkyoku/byōki wa doko ni arimasu ka
Medicina	薬	Kusuri
Mi sono perso	道に迷いました	Michi ni mayoimashita
Polizia	警察	Keisatsu

Trasporti/Viaggiare		
Italiano	Giapponese	Pronuncia
Aeroporto	飛行機	Hikōki
Fermata autobus	バス停	Basu tei
Taxi	タクシー	Takushī
Treno	電車	Densha
Metropolitana	地下鉄	Chikatetsu
Stazione	駅	Eki
Automobile	車	Kuruma
Bicicletta	自転車	Jitensha
Biglietto	切符	Kippu
Orario	時刻用	Jikokuhyō
Arrivo/Partenza	到着／出発	Tōchaku/Shuppatsu
Bagagli	荷物	Nimotsu
Passaporto	パスポート	Pasupōto
Visto	ビザ	Visa
Entrata/Uscita	入口／出口	Iriguchi/Deguchi

Trasporti/Viaggiare		
Italiano	Giapponese	Pronuncia
Uscita di sicurezza	非常口	Hijōguchi
Spingere/Tirare	押す／引く	Osu/Hiku

Chiedere informazoni		
Italiano	Giapponese	Pronuncia
Dove si trova l'hotel?	ホテルはどこですか	Hoteru wa doko desu ka
Dov'è il bagno?	トイレはどこですか	Toire wa doko desu ka
È vicina/lontana la metro?	地下鉄は近いですか／遠いですか	Chikatetsu wa chikai desu ka/ tōkai desu ka
Sempre dritto	まっすぐ	Massugu
Gira a destra/sinistra	右／左に曲がる	Mighi/hidari ni magaru
Da … a … quanto costa il biglietto?	…から …まで切符はいくらですか	… kara … made kippu wa ikura desu ka

Numeri/Giorni		
Italiano	Giapponese	Pronuncia
Uno	一	Ichi
Due	二	Ni
Tre	三	San
Quattro	四	Yon
Cinque	五	Go
Sei	六	Roku
Sette	七	Nana
Otto	八	Hachi
Nove	九	Kyū
Dieci	十	Jū
Venti	二十	Nijū
Cento	百	Hyaku
Mille	千	Sen
Oggi	今日	Kyō
Ieri	昨日	Kinō
Domani	明日	Ashita

Giorni della settimana		
Italiano	Giapponese	Pronuncia
Lunedì	月曜日	Getsuyōbi
Martedì	火曜日	Kayōbi
Mercoledì	水曜日	Suiyōbi
Govedì	木曜日	Mokuyōbi
Venerdì	金曜日	Kinyōbi
Sabato	土曜日	Doyōbi
Domenica	日曜日	Nichiyōbi

A tavola		
Italiano	Giapponese	Pronuncia
Ho fame	おなかがす いた	Onaka ga suita
Ho sete	のどがかわ いた	Nodo ga kawaita
Buon appetto	いただきます	Itadakimasu
Salute!	かんぱい	Kanpai
Era buonissimo	美味しかった	Oishikatta
Cosa mi raccomanda?	お勧めは何で すか	O susume wa nan desu ka
Sono vegetariano	ベジタリアン です	Bejitarian desu
È troppo caldo	熱すぎです	Atsusugidesu
Vorrei dell'acqua	水をください	Mizu o kudasai
Tè/Caffè	お茶 / コー ヒー	Ocha / kōhī
Birra/Vino	ビール / ワイ ン	Bīru / wain
Il conto, per fa- vore	お会計お願い します	O kaikei onegai- shimasu

Nella stessa collana

India. Usi, costumi e tradizioni
di Venika Kingsland

Laos. Usi, costumi e tradizioni
di Mauro Proni

Polonia. Usi, costumi e tradizioni
di Roberto M. Polce

9 788886 298937 4